Harry Schmitz
Ich bin der drittgrößte Mann
des Jahrhunderts

Hermann Harry Schmitz

Ich bin
der drittgrößte Mann
des Jahrhunderts

Texte aus dem Nachlaß

Mit Zeichnungen des Autors
und 7 Illustrationen von Thomas Klefisch

Herausgegeben von Bernd Kortländer

Grupello Verlag

DAS AUGE LIEST MIT – schöne Bücher für kluge Leser
Besuchen Sie uns im Internet unter: **www.grupello.de**
Hier finden Sie Leseproben zu allen unseren Büchern, Veranstal-
tungshinweise und Besprechungen. e-mail: grupello@rp-pro.de

Bernd Kortländer, geboren 1947, Dr. phil., stellvertretender Direktor des Heinrich-Heine-Instituts Düsseldorf; zahlreiche Veröffentlichungen zur deutschen
und französischen Literatur des 19. und 20. Jahrhunderts, mit Schwerpunkten
zu Heine, Droste-Hülshoff und zur rheinischen Literaturgeschichte.

Die Deutsche Bibliothek – CIP-Einheitsaufnahme

Schmitz, Hermann Harry: Ich bin der drittgrößte Mann des Jahrhunderts. Texte aus dem Nachlaß / Hermann Harry Schmitz /
hrsg. von Bernd Kortländer / mit Zeichnungen des Autors
und 7 Illustrationen von Thomas Klefisch.
– 1. Aufl. – Düsseldorf : Grupello Verl. 2000
    ISBN 3-933749-42-5

1. Auflage 2000

© by Grupello Verlag
Schwerinstr. 55 · 40476 Düsseldorf
Tel.: 0211–491 25 58 · Fax: 0211–498 01 83
Umschlaggestaltung: Thomas Klefisch
Druck: Müller, Grevenbroich
Alle Rechte vorbehalten

ISBN 3-933749-42-5

Inhalt

Anhang

Toni Bender

der Defraudant, der ohne, dass er dafür konnte,
den Nordpol entdeckte, sechs Tanten in den Tod trieb
und selbst ein furchtbares Ende nahm.   Von HHS

mit Zeichnungen des Autors

Von Toni Bender, der Kummer stets seinen armen Eltern machte,
der es sogar trotz Protection nicht mal zum Leutnant brachte,
hört Leute an die grausige Geschichte,
die wahrheitstreu und ungeschminkt ich heut' berichte.

In einem Bankhause, wo Toni Bender Volontär,
enttäuschte er der Herren Chefs Vertrauen schwer.
Hier hat der ungeratene Sohn – die Eltern waren zu beklagen –
zweihundert Mark und vierzig Pfennig unterschlagen.

Dann eines schönen Tags vermisste man den Defraudanten.
Zugleich mit ihm verschwanden aus der Stadt sechs alte Tanten:
die Tanten Clara, Stina, Lina, Tante Minchen,
Josefa Minderjann und Tante Finchen.

Da war ein grosser Jammer in der Stadt um die sechs Tanten.
Vergebens schrieen kummervoll nach ihren Tanten die
Man suchte allenthalben, selbst mit Hunden,
doch spurlos blieben diese sechs verschwunden.

Ins Nordpolargebiet der Räuber war entwichen.
Hier war er sicher, würd' man ihn nicht kriegen (sprich: kriechen)
Doch hat er vorher sich genau bedacht,
wie man ins ewige Eis 'ne Reise macht.

Damit er auch am Nordpol käm' ins schwitzen,
einen Petroleumsofen nahm er mit, darauf zu sitzen,
zwei wollene Westen und acht Baumwollsocken
zwei Gummischuhe und drei Havelocken.

Dann braucht man auch, in Nansens Buch hat er's studieret,
der Instrumente mancherlei, mit denen man sich orientieret
in diesen Gegenden des ewigen Eis
man sonst sich wirklich nicht zu helfen weiss.

So hat er stets gehört von den Sextanten,
die immer mit sich führten die bekannten
Nordpolarfahrer, drum hat kurz entschlossen
sechs Tanten mitgenommen er dann unverdrossen.

Fünf waren mitgekommen ohne vieles Quälen,
nachdem versprochen er, mit Eskimos sie zu vermählen.
Nur Tante Stina liess sich damit nicht verführen,
die musste er zu guterletzt noch chlor'formieren

Bis zum siebenzigsten Grad ging alles gut,
dann flog der Tante Lina fort ihr Hut.
Sie lief ihm nach und kam dabei zu Falle,
platzte, lief aus und starb wie eine Qualle.

Mit einem Eskimo Aguku, einem jungen Man
verschwand dann plötzlich Tante Minderjann
Die taube Tante Minchen, die schon sehr bei Jahren
von einem Auto ward sie überfahren.

Die Tante Clara schickte Toni einst Petroleum kaufen,
die hat natürlich in dem Eise sich verlaufen.
Und Tante Finchen findt' man eines Tags, o Jammer,
zu einer Portion Fruchteis gar erstarrt in ihrer Kammer.

Nur übrig war nur Stina als die letzte Tante,
die mit dem Defraudanten immer weiter nordwärts rannte,
doch plötzlich blieb sie eines Tages stehen,
fing an sich um sich selbst herum zu drehn.

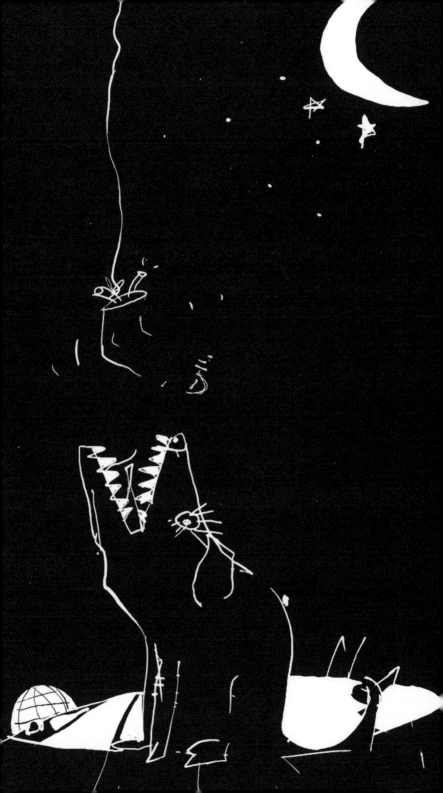

Erst glaubte Toni, dass die Tante gecke.
Er schnauzt sie an, sie dreht sich weiter auf dem gleichen Flecke.
Plötzlich indessen wurd ihm klar – wie war er doch verrannt!
die Tante Stina auf dem Nordpol stand.

Die Tante, der vom drehn im Kopf ganz dumm,
sprang ab vom Pol, natürlich falsch herum,
schlug hin, sie hatte wirklich wenig Glücke,
brach Arme, Nase, Bein und das Genicke.

Der Toni Bender hat ein Schild gemacht,
das hat er an dem Nordpol angebracht:
Mit der linken Hand an der Erdachs ist abzuspringen
nur so kann's ohne hinzuschlag'n gelingen.

Den Toni gleichfalls bald ereilt der Tod, man sieht des Himmels Walten
von einem Eisbär wurde er zerfleischt, den für 'ne Bettvorlage er gehalten.
Nur seine Röllchen, Regenschirm und linker Fuass
lagen am Nordpol rum als letzter Gruass.

Die Röllchen hat der Peary dann gefunden,
den Fuss von Toni gab er seinen Hunden.
Und Cook der fand des Tonis Regenschiarm.
Doch beide schwiegen Himmel, Eis und Zwiarn!

Da zanken Peary, Cook sich um die Ehre,
wer von den zwei'n zuerst am Pol gewesen wäre.
Wir aber singen, bringen es in alle Länder:
der erste der den Pol gesehn, war Toni Bender. –

Und die Moral von dieser Mordgeschichte
O wendet ab vom Bösen das Gesichte
Verkehret nie mit minderwertigen Bekannten
wie etwa Defraudanten und sechs Tanten.

Denn wenn auch manchmal Gutes draus so nebenbei entstehet
daß man zum Beispiel einen Nordpol findet, wie ihr sehet
so wird man doch zuletzt ganz furchtbar traurig
und stirbt im Nordpoleis und das ist äußerst schaurig.

Notizen zur Moritat

Leute höret die Geschichte,
die sich zugetragen hat

Zeppelin	<u>Biceps Eisblock</u> ! ! !
Giraffen	
Orden	Schauerlich gehts durch die Stadt.
Maler	
Malkasten	Von den Tanten die verschwunden
Nordpol	spricht die ganze Stadt
Cook	
Peary	Biceps Eisblock
fliegende	
Menschen	Tante Dudin war die erste die verschwunden
	Dann wurd es

In einer kleinen Stadt am Lech
kamen immer Tanten weg.
Erst in einer Woche vier
dann noch zwei, was ging hier
Wehgeschrei durchlief die Stadt.

Tanten
Verwandten

Der Zaun
Sehr ehrend ist's für eine Stadt
Wenn sie eine Giraffe hat

Der Fremde
[Eine]Es begann mit Tante [Dudin]
sechse in ganz kurzer Zeit
überall war großes Leid,
Tante Bender, Tante Krutsch
Waren als die ersten futsch
Ueber den Verlust der Tanten
klagten sämtliche Verwandten

Biceps Eisblock [ein] [war ein Mann] hieß der Mann
B.
In einer Stadt in der Provinz

[Sehr bek]

Von fliegenden Menschen ...

Erster Versuch

Die erste Geschichte zu diesem Motiv ist zugleich ein gutes Beispiel für die Hemmungen und Schwierigkeiten, mit denen Schmitz bei der Abfassung seiner so leicht daherkommenden Geschichten zu kämpfen hatte. Sie soll deshalb in den verschiedenen Stufen ihrer Entstehung etwas ausführlicher dokumentiert werden.

Zur Orientierung hier zunächst die am weitesten fortgeschrittene Version des Fragments:

Der fliegende Mensch
von H.H.S.

Der Rentner Schang Sonnen aus Düsseldorf war der achte Kurgast, dessen rätselhaftes Verschwinden ganz Karlsbad in eine panikartige Aufregung versetzte.

Es war vielleicht sieben Wochen vorher, als eines Tages der Postrat Blamabel Eierkist aus dem Hessischen von seinem Spaziergang nicht in sein Hotel zurückkehrte und allen sofort angestellten Nachforschungen zum Trotz spurlos verschwunden blieb.

Etwa acht Tage später wurden die beiden Brüder Nabelwitsch aus Jekaterinoslaw vermißt. Sie waren Abends, wie sie das immer taten, nach dem Diner zum Bier gegangen und auf diesem Weg geblieben.

Kaum hatte sich die Erregung des Publikums über diese seltsamen Vorfälle ein wenig gelegt, als eines Morgens die Kunde durch die Stadt lief, daß die Gattin des Millionärs Jules Immens Bulcke aus Gelsenkirchen in der vergangenen Nacht geraubt worden sei.

Frau Bulcke war an beiden Beinen gelähmt und konnte nur mit Hülfe ihrer zwei handfesten Kammerfrauen das Bett verlassen. Diese hatten Morgens beim Betreten des Zimmers das Bett leer gefunden. Das nach dem Garten führende Fenster war geöffnet.

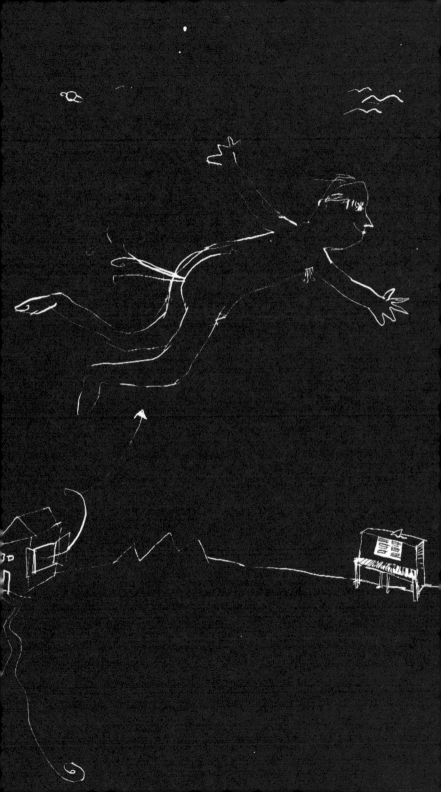

Die Räuber waren durch das nachts stets geöffnete Fenster in das Zimmer eingestiegen und hatten auch auf dem gleichen Wege mit ihrem Opfer das Hotel verlassen.

Seltsamerweise waren keinerlei Wertgegenstände verschwunden. Den Tätern schien es lediglich um die Person der Verschwundenen zu tun zu sein. Man ahnte schaudernd einen Zusammenhang der Fälle Eierkist und Nabelwitsch mit dem Verschwinden der Frau Bulcke.

Ein Heer von Detektivs wurde aufgeboten um Licht in das Dunkel zu bringen. Jules Immens Bulcke, der sofort auf die Kunde von dem Vorgefallenen nach Karlsbad gekommen war, setzte eine Belohnung von 100,000 Mk aus für eine Nachricht über den Verbleib seiner Gattin.

Der Fall Bulcke war noch in aller Mund, als eines Tages den Assessor Carl Anton Einmachstopf aus Dülken das gleiche Schicksal wie die Frau des Millionärs ereilte. Aus dem Bett seines Zimmers war er während der Nacht weggeschleppt worden. Eine Panik ergriff das Publikum. Die Hoteliers stellten während der Nacht starke Wachen vor ihren Hotels auf. Man wagte <sich> nur noch zu mehreren und stark bewaffnet Abends vor die Tür. Die Hotels wurden zur Beruhigung der Gäste streng bewacht. Die Polizei entfaltete eine fieberhafte Thätigkeit. Verschiedene Verhaftungen wurden vorgenommen, aber sofort als unbegründet wieder aufgegeben –

Der Beginn der Geschichte liegt bei der Suche nach dem ersten Satz. Wir werden Zeuge eines heftigen Kampfes mit dem leeren Blatt:

Der fliegende Mensch
von H.H.S.

Der [Gastwirt] Rentner Schang Sonnen aus Düsseldorf war der achte Kurgast in Karlsbad der während der vergangenen Saison auf rätselhafte Weise eines Tages verschwand. Innerhalb drei Monaten waren bereits sieben [Kurgäste] Personen, die zur Kur in [dem böhmischen] diesem Bade weilten, ebenfalls [Alle Zeitungen beschäft] hatten

Innerhalb der vorherigen drei Monaten waren bereits sieben
andere [, die] dort zur Kur weilenden Personen in kurzen [nach-
einander] Zwischenräumen

Der Rentner Schang Sonnen aus Düsseldorf war der achte
Kurgast dessen [Versch] rätselhaftes Verschwinden [das] [Karls-
bad in Aufregung versetzte]

das Badepublikum von Karlsbad in [die allergrößte Aufregung
und panikartige] eine panikartige Aufregung versetzte. Innerhalb der vorherigen dreier Monate waren bereits sieben andere
dort zur Kur weilende Personen [auf die gleiche [rätselhafte]
Weise] verschwunden.[Alle Zeitungen [befaßten sich] waren voll
von Berichten über diese]

Der Rentner Schang Sonnen aus Düsseldorf war der achte Kurgast, dessen rätselhaftes Verschwinden [das Badepublikum]
ganz Karlsbad in eine panikartige Aufregung versetzte. Innerhalb weniger Wochen waren bereits sieben andere dort zur Kur
weilende Personen verschwunden, ohne daß es den eifrigsten
Nachforschungen eines ganzen Aufg Heeres von Detektiven
gelungen wäre, [die] Licht in diese

alle

[Vor un] Ungefähr 7 Wochen vorher war der Postrat Blamabel
Eierkist aus dem Hessischen eines Tages [nicht] von einem Spaziergang nicht in sein Hotel zurückgekehrt.

*Der erste Satz ist endlich gefunden und Schmitz hangelt sich an
den Namen, die wie Haltegriffe aus der Unordnung der Wörter
und Satzfragmente herausragen, weiter in den Text hinein:*

Der fliegende Mensch

Der Rentner Schang Sonnen aus Düsseldorf war der achte Kurgast, dessen rätselhaftes Verschwinden ganz Karlsbad in eine
panikartige Aufregung versetzte.

Es war vielleicht sieben Wochen vorher, als eines Tages der
Postrat Blamabel Eierkist aus dem Hessischen von seinem Spaziergang nicht in sein Hotel zurückkehrte. [Alle Nachforschungen nach dem Verschwundenen blieben völlig resultatlos.]
[Kaum hatten sich die] und allen sofort angestellten Nachfor-

schungen zum Trotz spurlos verschwunden blieb. [Schon wenige Tage nachher] [Das gleiche Schicksal teilten etwa acht Tage
später zwei Russen die Brüder]

Etwa acht Tage später waren die beiden Brüder Stallupön Iwa-
nowitsch aus Jekaterinoslaw nicht beim Frühstück erschienen.
Der Postrat Blamabel Eierkist aus dem Hessischen hatte [den] vor
etwa sieben Wochen den Anfang gemacht. Eierkist war [von] eines
Tages von seinem Spaziergang nicht in sein Hotel zurückgekehrt.
[Etwa 14 Tage] und sein Verbleib war allen sofort angestellten
Nachforschungen zum Trotz nicht zu ermitteln. Dann verschwanden [d] 14 Tage später die beiden Brüder [Stall] Nabelwitsch aus
Jekaterinoslaw in ähnlicher mysteriöser Weise. Frau Metz-
germeister Bulcke aus Gelsenkirchen war die nächste die das St
Kaum hatten sich die Gemüter wie
ein wenig beruhigt a
über dieses myst

Der fliegende Mensch

Der Rentner Schang Sonnen aus Düsseldorf war der achte Kurgast, dessen rätselhaftes Verschwinden ganz Karlsbad in eine
panikartige Aufregung versetzte.

Es war vielleicht sieben Wochen vorher, als eines Tages der
Postrat Blamabel Eierkist aus dem Hessischen von seinem Spaziergang nicht in sein Hotel zurückkehrte und allen sofort angestellten Nachforschungen zum Trotz spurlos verschwunden
blieb. Etwa acht Tage später waren die beiden Brüder Nabelwitsch aus Jekaterinoslaw [nicht beim Frühstück erschienen. Die
beiden hatten am Abend vorher in bester Laune ihre Zimmer
aufgesucht.] Dann folgten in der gl
verschwunden. Frau Metzgermeister Bulcke aus Gelsenkirchen,
Herr[n] Carl Anton
Dann folgten in der gleichen mysteriösen Weise [Frau] in kurzen Zwischenräumen Frau Metzgermeister Bulcke aus Gelsenkirchen, Carl Anton Gerstenkorn aus Dülken, Hephester Einmachstopf, Frau [von] von Gelantin-Schwabbel und Hafid Ben
[Knuso] -Marchel aus [Tu] Kairo.

Etwa acht Tage später wurden die beiden Brüder Nabelwitsch
aus Jekaterinoslaw vermißt. Sie waren Abends nach dem Diner

noch zum Bier gegangen und auf diesem Weg geblieben. [Eine Beunruhigung] Frau Metzgermeister Bulcke aus Gelsenkirchen, die bettlägerig war, wurde eines Morgens von dem Zimmerm [Dann war] [Nach d] [Wa]
[Man] Die Gemüter hatten sich kaum ein wenig wieder beruhigt, als eines Morgens die Kunde durch Karlsbad ging, daß Frau Bulcke, die einen Tag bettlägerig war,

Jetzt ist die Exposition fertig und Schmitz formuliert jenes Textstück, das am Anfang als Lesetext abgedruckt ist.

Diese Version wird dann noch einmal durch eine die Ausgangssituation mehr allgemein darstellende Fassung variiert, bevor die Geschichte endgültig aufgegeben wird:

Meilp Misak
der fliegende Mensch
von H.H.S.

Ein jeder wird sich noch aus den Zeitungen erinnern, wie im vergangenen Sommer sowohl in Karlsbad als auch in Kissingen und Franzensbad fortgesetzt ausgesucht korpulente Menschen, Herren und Damen, die in den betr. Bädern zur Kur weilten, spurlos verschwanden.
[Es handelte sich bei den Verschwundenen] [Seltsam war es, daß es sich bei den Verschwundenen immer um [Leute über] ausgesucht dicke Leute [über 300 Pfd.] im Gewicht über 250 Pfd. handelte. Alle Nachforschungen waren vergebens.]
[Die Umstände] [Die Art und Weise wie die Leute entweder nicht mehr von Spaziergängen nicht mehr zurückkehrten]
Eine völlige Übereinstimmung der einzelnen Fälle bewies,
Wenn man anfangs geneigt war das Verschwinden der ersten Personen auf [e] Unglücksfälle zurückzuführen so mußte man, als sich die Vorkommnisse in kurzen Zwischenräumen in der gleichen Weise wiederholten, gestehen, daß hier ein planmäßiges Verbrechen vorlag. Nach den amtlichen Angaben [waren] handelte handelte es sich in Karlsbad 14 in Kissingen 8 und in Franzensbad 5 [Gäste] Personen [als verschwunden]

[Eine] Die völlige Uebereinstimmung der Umstände, unter welchen die verschiedenen Verschwundenen, bewies, daß es sich um planmäßige Entführungen handelte. [Die Ver]
– sei es aus dem Hotelzimmer während der Nacht oder

Zweiter Versuch

1. Textstück

Toni Bender
der fliegende Mensch
von Hermann Harry Schmitz

Der größte Mann des Jahrhunderts ist Zeppelin und ich bin der drittgrößte. Ich habe das mündlich.

Meine Wiege stand in Newiges, wo mein Vater Postsekretär war. Meine Eltern hatten den Ehrgeiz ihren einzigen Sohn etwas Ordentliches werden zu lassen. Meine Mutter wollte hoch hinaus. Ihr Traum war mich dereinst als Landrat zu sehen. Meinem Vater schwindelte bei diesem Gedanken. Sie einigten sich auf Amtsrichter.

Ich habe ihnen wirklich nur Freude gemacht und mich der Opfer, die sie für mich brachten, durch Fleiß und gesittetes Betragen würdig gezeigt.

Schon mit siebenundzwanzig Jahren war ich Assessor und Doktor der Rechte. Reserveleutnant war ich bereits früher geworden. Das hatte meinen Vater den Tod gekostet. Als ich zum ersten Mal in Uniform mit ihm in Newiges spazieren ging, hat er vor Stolz derartig die Brust herausgedrückt, daß sich die Rippen ganz gerade gebogen haben. Natürlich zerriß alles. Es war ein schrecklicher Anblick. Die Organe und die Eingeweide flogen man nur so rum. Mein guter lieber Vater sah mit den herausstehenden Rippen aus wie ein Garderobeständer. »Uniform, Uniform«, waren seine letzten Worte, dann starb er auf offener Straße in meinen Armen.

Meine Mutter war durch die Pension vor aller Not gesichert und verdiente noch Unsummen dazu durch das Anstricken von Strümpfen. Ich brauchte mir nichts abgehen zu lassen

2. Textstück

Kleophas Tüttebell
der fliegende Mensch
von Hermann Harry Schmitz

Der größte Mann des Jahrhunderts ist Zeppelin und ich bin der drittgrößte. Ich habe das mündlich.

Ich bin in Dülken geboren, wo mein Vater Postsekretär war. Er war ein vortrefflicher Beamte, also als Mensch eine Null. Er erstarb aus innerster Ueberzeugung, nicht etwa aus Diplomatie.

Meine Mutter wollte hoch hinaus mit mir, sie träumte davon, ihren Sohn dereinst als Landrat zu sehen. Meinem Vater schwindelte bei dem Gedanken, er mußte sich setzen.

Ich war vollständig aus der Art geschlagen. Ich hatte weder den geringsten Ehrgeiz, noch aber auch Respekt vor irgend etwas in der Welt.

Das bekümmerte meine Eltern unendlich. Trotzdem ließen sie ihre hochgeschraubten Pläne mit mir nicht fallen.

In einem Alter, in welchem man sonst bereits Assessor oder sonst was hohes zu sein pflegt, machte ich mit Hängen und Würgen mein Abiturientenexamen.

Alle Einwendungen und Warnungen einsichtiger Bekannten vermochten nicht, meine Mutter von ihrem Plane abzubringen, mich studieren zu lassen.

Natürlich mußte es Jus sein.

Ich bezog also die Universität.

Nach acht Monaten hatte ich den ersten Anfall von akuter Alkoholvergiftung.

Im dritten Semester war ich in nicht weniger wie neun Alimentationsprozesse verwickelt. Diese und fortgesetzte Scherereien mit den Gerichten wegen nicht bezahlter Schulden und Protokolle wegen Ruhestörung und groben Unfugs hatten mir die ganze juristische Materie höchst unsympathisch gemacht.

Gott ja, so ein Studium kostet Geld. Das hätten sich die Alten vorher sagen sollen. Zu Hause lebte man nur noch von Kartoffeln. Mein Vater machte sich die Anzüge und die Schuhe selbst. Dann verdiente er noch Geld in seinen freien Stunden durch Scheeren von Hunden. Meine Mutter machte aus den zerschlissenen Hosenböden meines Vaters Sophadeckchen, die sie gewinnbringend verkaufte.

Im zwölften Semester meines Studiums starb mein Vater.

Er hatte den roten Adlerorden bekommen, das sollte sein Tod sein.

Als er zum ersten Mal mit seinem Orden geschmückt durch die Stadt ging, hatte er vor Stolz derartig die Brust heraus gedrückt, daß sich die Rippen gerade gebogen haben. Schrecklich muß es ausgesehen haben, wie der Oberkörper auseinanderklaffte und die inneren Organe man so rumflogen. Herr Bender der dabei gewesen ist sagte, mein Vater hätte ausgesehen wie ein Christbaum, wie an einem solchen hätte der blitzende Orden an einer Rippe gehangen. Auf andere Augenzeugen hat mein Vater den Eindruck eines Garderobenständers gemacht.

»Für Kaiser und Reich« wären seine letzten Worte gewesen.

Meine Mutter war durch die Pension vor aller Not geschützt. Sie strickte jetzt auch noch Strümpfe an, womit sie Unsummen verdiente.

Ich brauchte mir nichts abgehen zu lassen.

Man hatte meine Mutter aufgehetzt. Sie erkundigte sich von Zeit zu Zeit, wann ich das erste Examen zu machen gedächte.

Mir schlug ab und zu das Gewissen. Eines Tages beschloß ich es ernstlich mal mit der Medizin zu versuchen. Vielleicht war es mir möglich dieser Wissenschaft mehr Geschmack abzugewinnen wie der Juristerei. – Leider ging es mir auch hiermit nicht besser.

Durch den Tod meiner Mutter wurde meinen Studien ein jähes Ende bereitet.

Die Uhrkette aus Haaren mit einem silbervergoldeten Schieber und meinem eingerahmten Konfirmationsspruch war alles was ich aus der Erbschaft erhielt. Das dürftige Mobilar und so wurde auf das Wohl meiner gierigen Gläubiger verkauft.

Ich wurde Klavierspieler

Der Wasserkrahnen

von Hermann Harry Schmitz

Ich verstehe nichts von Cigarren, da ich nur Cigaretten rauche.

Du könntest mir einen Gefallen tun und mir eben mal eine Kiste Cigarren [ka] holen, hatte mein Großvater mir gesagt. 100 Stück in der Preislage von 12-15 Pfennig nicht zu dunkel, colorado claro, vorne und hinten spitz in der Mitte breit, ohne Flecken, gut abgelagert, aber ohne Flecken; [paß] achte auch eine [scha] ein wenig fahle Farbe. Um Gottes willen nicht rötlich Ton. Möglichst Havana Deckblatt mit Sumatra Einlage

Mein Großvater war sehr traurig, denn seine Leibcigarre, die er sich [aus] Bremen [zu schicken lassen pflegte] direkt von Bremen kommen ließ war ausgeblieben.

Du könntest mir einen Gefallen tun, hatte er zu mir gesagt, und mal im nächsten größeren Cigarrenladen nachschauen, ob du eine ähnliche Cigarre, wie ich gewöhnlich rauche, dort findest.

Weißt du nicht zu dunkel, colorado claro, fast claro aber nicht ganz, von möglichst fahler Farbe, natürlich gut abgelagert, ohne Flecken, vorne und hinten spitzes Facon, in der Mitte breit, nicht gerundet, möglichst stattliches Format. So [zwölf] acht bis zehn Pfennige darf sie schon kosten.

Ich verstehe nicht das geringste von Zigarren (da ich es mit Oscar Wilde halte und nur Cigaretten rauche. Den Typus des vollkommenen Genusses) und mit den detaillirten Wünschen des Großvaters wußte ich schon gar nichts anzufangen. Aber

Ich verstehe ohnehin nicht viel von Zigarren [aber mit den] viel weniger waren

die für die Wüste noch nicht reif sind ...

die für die Wüste noch nicht reif sind und hier im Eigenmenschentum herumdilettantieren, die noch des Stehkragen und des
Schmisses
[die St] [der] die [sich] für den Anfang von Zeit zu Zeit immer
wieder zur [Stärkung] Kräftigung ihres großen Degoûts
Stehkragen, Schmisse, äh, äh,

die noch immer wieder von Zeit zu Zeit zur Kräftigung ihres
großen Degouts durch [d] die Erscheinung von Menschen aus
jenen Sphären [die sie] [denen]
unter Menschen aus jenen [ge]verhaßten Sphären der gehaßten
Konvention und Moral

In der Nähe des Residenzstädtchens ...

In der Nähe des Residenzstädtchens I. lag inmitten eines uralten Parkes umgeben von einer etwa zehn Meter hohen Mauer ein ausgedehntes schloßartiges Gebäude aus dem 13ten Jahrhundert. Ursprünglich ein Kloster der Cister. Mönche, wurde es wegen Kriegsgefahr Anfang des 17ten Jahrhunderts von diesen verlassen und gelangte an die Grafen von Praeter Propter Streuselkuch, die es bis vor etwa zwanzig Jahren beständig bewohnten.

(1) [Der letzte Bewohner des Schlosses der Graf Rölps von Praeter Propter Streuselkuch] und sein Sohn Polko hatten sich insofern um die Wissenschaft verdient gemacht, als beide einwandfreie Schulbeispiele von Gehirnerweichung darstellten und als geschätzte Insassen der Privatirrenanstalt des Dr. Ferber in D. waren.
Der alte Graf war

(2) Dann war der letzte Graf dieses Geschlechts gestorben und der Besitz fiel an eine Seitenlinie. Der jetzige Besitzer ein Baron von Hagezorn-Drehwurm war ein geschätzter Insasse der Privatirrenanstalt des Dr. Flohrmak in G. und machte sich als solcher als einwandfreies Schulbeispiel von progressiver Paralyse immerhin einigermaßen um die Wissenschaft verdient.

fig. a HIRNa).

Zu:

Aus einem rheinischen Städtchen

Turbine Muhlmann / Das Elslein von Caub

1. Textstück

Caub

von Hermann Harry Schmitz

Als wir am 27. September morgens aus dem Hotel traten, war ganz Caub beflaggt. Aha wegen Sedan, meinte Toni Bender, der nicht gerne lange über etwas nachgrübelte. Zufällig wußte ich von meinem Abreißkalender, das Sedan früher war. Gott, es wird wegen Gotthold Lessing sein, der an diesem Tage gestorben ist fiel mir ein. Du mußt ja immer alles besser wissen sagte Toni Bender, meinetwegen von mir aus können sie auch wegen Lessing geflaggt haben. Was kümmert es uns. Schweigend gingen wir nebeneinander her. Wie kommen die Cauber denn aber dazu gerade wegen Lessing zu flaggen? In welchen Beziehungen stand dieser zu dem Städtchen. Meine Gründlichkeit ließ mir keine Ruhe. Lessing war mit Blücher zusammen auf Quinta, suchte Toni Bender die Frage abzutun, und Blücher ist doch der Stadtheilige hier. Das leuchtete mir nicht so direkt ein.

Toni Bender war die ganze Sache riesig lästig. Immer deine Spitzfindigkeiten, die stehen mir schon am Hals heraus, grollte er.

Ich werde jemand fragen. Ich muß es wissen. »Wirst dich nett blamieren mit deiner Ignoranz«, nörgelte Toni weiter, »mir ist das wirklich so egal wie nur etwas.«

Der Steuermann Wilpert kam uns entgegen. Den fragte ich. Er war im höchsten Grade erstaunt und schüttelte den Kopf. Na, das wissen Sie nicht. Frau Turbine Muhlmann hat heute Geburtstag.

So, so, wir taten so, als ob es uns nun auch einfiele.

Jetzt hast du es, begann Toni als Wilpert weg war.

Beklommen schwieg ich eine Weile.

Ich wußte eine Unmenge von historischen Namen und Daten. Von Turbine Muhlmann hatte ich nie in meinem Leben etwas gehört.

Ich mußte mir Luft machen.

Wer war nur das?

Die Erfinderin der Sommersproßen, antwortete Toni Bender kurz.

Ich verbitte mir deine albernen Späße.

Dann frage mich bitte nicht.

Ich schwieg unwillig.

Ich glaube ich habe mich vertan, begann Toni Bender wieder nach einigen Minuten eisigen Schweigens, Frau Muhlmann war die geistvolle Entdeckerin des Ueberbeins.

Ich wandte mich wütend ab.

»Nein, warte mal, fuhr Toni nach kurzer Pause fort, oder sollte das die wackere Vorkämpferin der Kniebeuge gewesen sein?

Ich boxte Toni Bender unter das Kinn. Er trat mir gegen das Schienbein.

Das gab einen Mißklang in unserer Freundschaft.

Wütend ging jeder jetzt einen anderen Weg.

Die Turbine Muhlmann ging mir im Kopf herum. Sie mußte doch eine historische Person sein, wenn wegen ihr eine ganze Stadt Flaggenschmuck anlegte.

Ich fragte sehr vorsichtig ohne mir eine Blöße zu geben, noch vielleicht zwanzig Leute denen ich begegnete und erfuhr nicht mehr, wie das was mir Wilpert gesagt hatte.

Ich betrank mich aus Zorn und schlief dann bis zum Abend.

Am Stammtisch traf ich Abends wieder mit Toni Bender zusammen. Alle sprachen von dem Geburtstagskind. Am meisten aber Toni Bender. Er fände diese einheitliche Flaggenkundgebung für diese verdiente Frau wirklich im höchsten Grade sympathisch. Er tränke auf das Wohl der Jubilarin und auf das Wohl der Cauber Bürger, die so solidarisch in solchen Fragen zusammenhielten.

Höhnisch schaute er mich von der Seite an.

Wie mir die Kundgebung gefiele, wandte sich der Postmeister an mich.

»O gut« erwiderte ich vor mich hinblickend.

Ich fühlte mich ungemütlich und verließ bald den Stammtisch und ging zum Essen in den Turm.

Nur mein Wirt war da, seine Frau sei zu Frau Muhlmanns Geburtstag.

Ueberall verfolgte mich dieser Name.

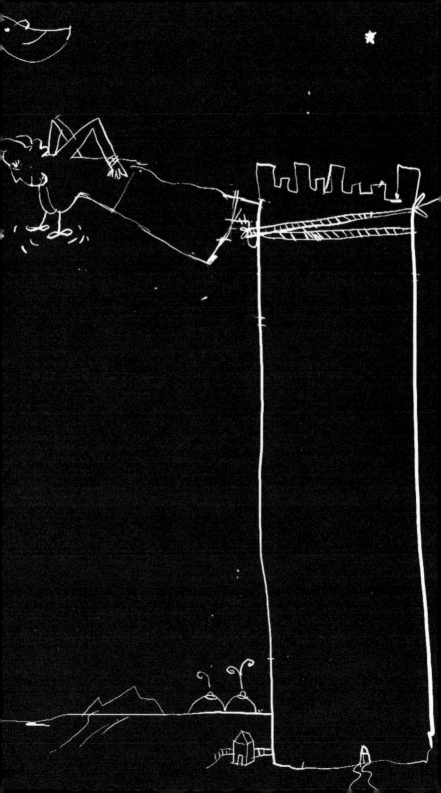

Ich mußte das heraus bekommen, wer das war. Noch heute Abend. Ich hätte kein Auge zugetan. Ich lud den Turmwirt zu einer Flasche Cauber Pfannstiel ein. Nach der achten Pulle hatte ich Frau Muhlmann vergessen.

Am andern Tag erfuhr ich zufällig, daß Frau Muhlmann die Schwiegermutter des Turmwirten war und gestern ihren Achtzigsten Geburtstag gefeiert hatte.

Es wäre eine große Verwandtschaft. Außerdem säßen die Fahnen locker, man freue sich jeder Gelegenheit sie aus den Fenstern zu hängen, sagte mir der Apotheker, ein Zugezogener.

Mit Toni Bender habe ich mehrere Tage nicht gesprochen. –

2. Textstück

In Königswinter giebt es eine Wirtschaft zum kühlen Grunde und eine zum wirklichen kühlen Grunde.

Wie ich höre soll noch ein dritter Wirt den kühlen Grund für sich in Anspruch nehmen wird sein Lokal zum amtlich beglaubigten und privilegierten kühlen Grunde nennen.

So giebt es am Rhein überall Lokale, die den Ehrgeiz haben für sich das Verdienst in Anspruch zu nehmen, daß der oder jener bekannte Dichter gerade durch ihren Wein, oder durch ihre Wirtin zu seinen Gedichten angeregt worden sei.

So sollen in Stolzenfels drei Pretendentinnen sein auf die Ehre, das durch jenes bekannte Lied bekannt gewordene Mädchen von Stolzenfels zu sein.

Als Aushängeschild für Kneipen erinnert sich der Deutsche seiner Dichter.

Toni Bender ist und bleibt ein Nörgler. Ich glaube, wenn ich meine 70 Mk, die ich ihm dummer Weise pumpte, zurückhabe, breche ich mit ihm.

Wir sprachen über das historische Elslein von Caub, das s. Zt. die

Nicht weniger wie vier behaupten jetzt das Original Elslein zu sein. Davon heißt eine Matilde, brummte Toni, die zweite hat die Gicht und entsprechende Knoten an den Fingern, die dritte wiegt 280 Pfund und die vierte ist vor einigen Tagen Großmutter geworden. –

Er übertreibt natürlich wieder wie gewohnt, dachte ich mir. Ich tat ihm aber dieses Mal Unrecht, ich mußte ihm nach Inaugenscheinnahme der vier Anwärterinnen zustimmen.

Wir beschlossen ein neues Elslein von Caub zu gründen. Wir haben kritische Musterung gehalten und haben einem beinah braunhaarigen Backfisch in einer altertümlichen Schenke zu der man auf einer ausgeschliffenen Steintreppe hinaufsteigt das Patent als Original ächtes Elslein von Caub erteilt.

Dann ging ich zum Stammtisch.

Einige Worte über diesen Stammtisch, der eine vorwiegend maritime Note hat. Kapitäne und Lootsen sind in der Mehrzahl aber auch die Honoratioren

3. Textstück

Das Elslein von Kaub

Ich habe hier meine kurzsichtige Tante Anisplätzchen Wilbert zwei Tage zu Besuch gehabt. Am ersten Tage ging ich mit ihr zum Blücherdenkmal. Kopfschüttelnd beschaute sie sich eine Weile das Denkmal, dann sagte sie, sie fände die Auffassung des Bildhauers immerhin merkwürdig, sie würde auch aus dem Kostüm nicht so recht klug. Gegen den Kopf hätte sie nichts einzuwenden. Die Gesichtszüge wären ja von einem außergewöhnlichen Liebreiz.

Ich guckte sie groß an. So konfus hatte man den famosen Marschall Vorwärts noch nicht kritisiert.

Da ist doch ein sehr verständliches Monument, warf ich ein.

Ja, ich kann mir nicht helfen, beharrte Tante Wilbert, ich hätte mir das Elslein von Caub anders vorgestellt.

Das ist doch das Blücher Denkmal, belehrte ich sie.

Ach so, warum hast du das nicht gleich gesagt.

Jedes Nest am Rhein hat irgend eine Reminiszenz an einen deutschen Dichter. Meistens sind es Wirtschaften, die für sich das Recht in Anspruch nehmen, daß einstens gerade ihr Wein oder ihre Wirtin die Anregung zu irgend einem bekannten Gedicht gegeben. Meistens wetteifern mehrere Prätendenten um diese Ehre. Ich weiß nicht, wieviel original Lindenwirtinnen hier am Rhein existiert haben.

Der Einbruch

von Hermann Harry Schmitz

»Bei Benders nebenan haben sie vergangene Nacht eingebrochen und das ganze Silber gestohlen,« hatte [unsere] [die] unsere Anna als erstes morgens aufgeregt berichtet.

»Das ganze Silber, lächerlich. Pah, das ganze Silber,« hatte
der Vater höhnisch gebrummt. »Wieder so eine alberne Ren-
nomage von diesen Leuten! Die drei Pathenlöffel und das Dutzend Britannialöffel nennen die ihr Silber. Das sieht denen mal
wieder so recht ähnlich.«

»Ueber die Gartenmauer sind sie geklettert, haben die Küchenfenster eingedrückt und sind so ins Haus gekommen,« hatte die
Anna weiter erzählt, »das [Finchen von Bender] Zweitmädchen
von Benders, das Finchen hätte gemeint, die Diebe müßten doch
sicher mit den Verhältnissen vertraut gewesen sein und gewußt
haben, wo was zu holen war. Es wäre doch merkwürdig, daß man
bei uns nicht eingebrochen hätte. Die Juwelen von Frau Bender
hätten sie, Gott sei Dank, nicht gefunden.«

[Der Vater hatte einen Wutanfall bekommen, war in ein
[schauerlich entsetzliches L] entsetzlich schauerliches Lachen
ausgebrochen und hatte fast erstickt von]

Der Vater hatte blau vor Wut, fast erstickt von einem entsetzlich schauerlichen Lachen ausgestoßen Frau Benders Juwelen!
Frau Benders Juwelen! Dann hatte er die Anna angeschnauzt sie
solle sich mit diesem albernen Geschwätz zum Teufel scheren, er
wolle über diese eingebildete Bagasche nichts mehr hören. Frau
Benders Juwelen! Die Elfenbeinbrosche vom Niederwalddenkmal,
[wo man] und den Siegesthaler! Ein heiseres

Zur vergnüglichen Erinnerung folgt hier die vollständige Fassung von »Der Einbruch« nach dem Erstdruck.

Der Einbruch

»Bei Benders haben sie vergangene Nacht eingebrochen und das ganze Silber gestohlen«, hatte Knatterbulls Dienstmädchen, die Anna, als erstes morgens aufgeregt berichtet.

»Das ganze Silber, lächerlich. Pah, das ganz Silber,« hatte Vater Knatterbull höhnisch gebrummt. »Wieder so eine alberne Renommage von diesen Leuten! Die drei Patenlöffel und das Dutzend Britanniabestecks nennen die ihr Silber. Das sieht denen mal wieder so recht ähnlich.«

»Über die Gartenmauer sind sie geklettert, haben die Küchenfenster eingedrückt und sind so ins Haus gekommen,« hatte die Anna weitererzählt. »Das Mädchen von Benders, das Finchen, hat gemeint, die Diebe müßten doch sicher mit den Verhältnissen vertraut gewesen sein und gewußt haben, wo was zu holen war. Es wäre doch merkwürdig, daß man bei uns nicht eingebrochen hätte. Die Juwelen von Frau Bender hätten sie, Gott sei Dank, nicht gefunden.«

»Frau Benders Juwelen!« Vater Knatterbull hatte einen Lachkrampf bekommen, an dem er bald erstickt wäre. Er konnte gar nicht wieder zur Ruhe kommen, immer wieder prustete er los: »Frau Benders Juwelen: Die Elfenbeinbrosche vom Niederwalddenkmal und der Siegestaler!«

Dann hatte er die Anna angeschnauzt, sie solle sich mit diesem dämlichen Geschwätz zum Teufel scheren, und sie möge sich nach einer anderen Stelle umtun, am ersten könne sie ihre Papiere haben. Er dulde keine Klatschereien. Ein für allemal wolle er von dieser eingebildeten Bagage von nebenan nichts mehr hören.

Trotzdem wurde bei Knatterbulls von nichts anderem gesprochen als von dem Einbruch bei Benders.

Wenn Herr Knatterbull auch Benders von Herzen das Malheur gönnte, ärgerte es ihn doch maßlos, wie diese Leute keine Gelegenheit vorübergehen lassen konnten, sich dick zu tun, und die selbst ein solches Ereignis benutzten, ihm einen freundnachbarlichen Hieb zu versetzen.

Das war ja wahr: ein dummes Licht warf es auf Knatterbulls, daß die Diebe Benders vorgezogen hatten.

Früher waren Benders und Knatterbulls dicke Freunde gewesen. Dann war aber eines Tages, wie das bei derartigen intimen Familienfreundschaften immer zu gehen pflegt, der große Stunk gekommen. Eine Bagatelle war die Ursache gewesen. Knatterbulls hatten in Benders Sitzbadewanne, die sie sich immer auszuleihen pflegten, eine Blötsch gemacht und behauptet, die sei schon vorher, die sei überhaupt immer in der Wanne gewesen. Diese Meinungsverschiedenheit hatte sich so zugespitzt, daß man sich gänzlich verkrachte und heute auf das erbittertste haßte. Man ließ keinen Anlaß vorübergehen, sich gegenseitig in der bösartigsten Weise zu kränken.

Außer dem ganzen Silber hatten Benders der Polizei noch als gestohlen angegeben: den Pelz der gnädigen Frau – Herr Knatterbull hatte nur das Wort »Möbelplüsch« vor sich hingezischt – einen sehr kostbaren Gebetsteppich, einen echten Buchara – »einen Buchara! Diese widerlichen Protzen! Möchte man da nicht reinschlagen?« Herr Knatterbull kochte vor Wut – eine überaus wertvolle Bronze – »sicher der Kegelpreis von Herrn Bender: der Trompeter von Säkkingen mit einer Standarte, auf der ›reserviert‹ steht,« argumentierte der gehässige Nachbar – eine sehr teure Standuhr – »wird schon der amerikanische Wecker gewesen sein,« hieß es bei Knatterbulls. Dann hörte man, Benders hätten sich für fünfzehntausend Mark gegen Einbruch versichert.

Herrn Knatterbull hatte wieder der Zorn gepackt, als er dieses hörte. Er hatte der Anna befohlen, jeden Tag eine von den leeren Sektpullen, die die Vorbewohner des Hauses im Keller zurückgelassen hatten, ostentativ oben auf den Ascheneimer zu legen, bevor sie ihn morgens zum Abholen auf die Straße stellte. Diesen Protzen wollte er es doch einmal zeigen! »Für fünfzehntausend Mark versichert!« Er hatte eine brüllende, schauerliche Lache ausgestoßen.

Der Herr von der Versicherungsgesellschaft war auch bei Knatterbulls gewesen und hatte versucht, den Vater zu bewegen, sich ebenfalls gegen Einbruch versichern zu lassen. Der Vater hatte nichts davon wissen wollen. Er hatte die Brust herausgedrückt, daß die Deckkrawatte waagerecht stand, und pathetisch erklärt, er sei selbst Manns genug, sein Eigentum zu schützen.

Die Einbrüche in dem Viertel mehrten sich in unheimlicher Weise. Eine allgemeine Nervosität hatte sich der Anwohner bemächtigt. Es verging fast keine Nacht, in welcher nicht in der Nähe eingebrochen wurde. Es lag System in der Arbeit der Einbrecher: methodisch wurde Haus für Haus gebrandschatzt. Außer Knatterbulls waren fast alle Häuser, nur mit wenigen Ausnahmen, heimgesucht worden.

Alle Anstrengungen der Polizei, die Täter zu entdecken, oder auf frischer Tat zu ertappen, waren ohne Erfolg.

Wie ein Alp lag es auf den Häusern, die bisher von den nächtlichen Besuchern verschont geblieben waren.

Frau Knatterbull hatte ihren Mann beschworen, es müßte etwas geschehen. Eine Beruhigung wäre es doch schon, wenn man wenigstens versichert wäre.

»Dann müßten wir uns für zwanzigtausend Mark versichern lassen, um es diesen Benders mal zu geben, aber das wird mir zu kostspielig,« hatte Vater Knatterbull losgeschimpft. »Geh mir weg mit Versicherungen. Ich will nichts davon wissen. Man ist immer geleimt. Wird wirklich gestohlen, so kann man nicht nachweisen, was einem gestohlen wurde. Kann man es zufällig nachweisen, und die Gesellschaft müßte zahlen, so hat man natürlich vergessen, die letzte Prämie einzuschicken, und die ganze Versicherung ist hinfällig. Bei der Feuerversicherung geht es einem geradeso. Brennt es mal glücklich, nachdem man im Laufe der Jahre so viel an Prämien bezahlt hat, daß man sich glänzend zwei Häuser hätte vollständig einrichten können, so wird nachher festgestellt, daß das meiste durch das Wasser der löschenden Feuerwehr, aber nicht durch das Feuer zerstört wurde; dann hat man wieder das Nachsehen.«

Vater Knatterbull hatte sich in eine ziemliche Wut hineingeredet, die sich jetzt, da er sonst gerade niemanden anders hatte, gegen seine Frau kehrte. Sie solle sich überhaupt nicht in Sachen mischen, die sie nichts angingen. Er wisse selbst, was er zu tun habe. Er wäre nicht umsonst Gefreiter der Landwehr. Er werde sein Eigentum schon zu schützen wissen. Dabei hatte er die Knie durchgedrückt und mutig mit den Augen gerollt.

Dann hatte er alles, was im Hause an Waffen war, zusammengeschleppt: Zwei Rappiere, ein Florett, ein Zündnadelgewehr, ein Gewehr mit Feuersteinschloß, ein Beil, ein mexikanisches Lasso, drei Revolver (einer war ohne Hahn), ein Seitengewehr, einen malaiischen Kris, ein Schwert, eine Lanze und einen Flitzebogen. Der alte Soldat war in ihm erwacht. Die ganze Familie mußte antreten. Er hatte sich seine Kriegervereinsmütze aufgesetzt, seine Abzeichen angesteckt und den Seinen in kernigen Worten seinen Plan der Selbstverteidigung gegen die Einbrecher entwickelt.

Darauf wurden die Waffen verteilt. Die Mutter hatte die Lanze bekommen und den Revolver ohne Hahn (sie fürchtete sich so entsetzlich vor Schießwaffen). Die großen Jungens, Friedrich und Wilhelm, wurden mit den Gewehren und Rappieren bewaffnet. Dem jüngsten, dem Toni, hatte er auf sein dringendes Bitten den Flitzebogen gegeben. Die stocktaube Tante Briebelflutsch, eine arme Verwandte, die mit dem Dienstmädchen auf dem Speicher schlief, mußte sich mit dem Seitengewehr und einem Ankersteinbaukasten (damit sie auch etwas für die Fernwirkung hatte: mit den Bauklötzen konnte sie werfen) begnügen. Die Anna, das Dienstmädchen, bekam das Florett und den malaiischen Kris (den wollte sonst niemand, da man ihn nirgends anfassen konnte, ohne sich selbst weh zu tun; die Anna wußte das nicht). Der Vater behielt für sich das Beil, das Lasso, das Schwert und die zwei Revolver.

Mittags und abends nach dem Essen war Instruktionsstunde im Garten auf der Bleiche. Der Eifer des Vaters hatte auch die Familie angesteckt. Der *furor teutonicus*, die atavistische Liebe zum Waffenhandwerk war erwacht. Selbst die sanfte Mutter und die gütige, taube Tante hatte es gepackt.

Die Haushaltung wurde sichtlich vernachlässigt. Die Mutter lief den ganzen Tag aufgeregt mit der Lanze durch das Haus und kam zu nichts. Die Anna ließ alles drunter und drüber gehen und übte sich von früh bis spät im Florettfechten. Oft sprang die Mutter vom Essen auf, nahm ihre Lanze aus der Ecke und wirbelte sie um den Kopf. Dabei ging einmal die Hängelampe in die Binsen; jetzt war aber alles egal. Oder der Vater stürzte plötzlich in den Garten, schleuderte das Lasso nach der ahnungslosen, die Wäsche ausbreitenden Waschfrau und brachte sie in geschicktem Wurfe zu Fall. Daß die Waschfrau dieses mißverstand und ihm ein nasses Laken um den Kopf schlug, tat seinem Eifer keinen Abbruch. Die Kinder waren nicht mehr zu bändigen. Kaputte Spiegel, Fensterscheiben, Vasen zeugten von ihren Waffenübungen. Selbst die Büste der Königin Luise im guten Zimmer lag eines Tages zerschmettert vor dem Nußbaumständer.

Zwei Häuser von Knatterbulls ab war zuletzt eingebrochen worden. Jetzt konnte man die Diebe jede Nacht erwarten.

»Wir sind gerüstet. Ha, ob sie diese Nacht kommen? Ich freue mich auf den Strauß mit den Halunken. Ich werde denen zeigen, was ein alter Soldat kann. Ich bin noch selber Manns genug, mein Eigentum zu schützen. Was?« Der Vater hatte dann die Brust, die Knie, überhaupt alles, was eben ging, in beängstigender Weise herausgedrückt und stolz um sich geschaut.

»Der echte Held!« hatte die Familie geflüstert.

Pochenden Herzens ging man abends zu Bett. Man schlief unruhig, bei dem geringsten Geräusch im Hause schreckte man auf, griff zu den Waffen und lauschte in die Nacht.

Dann hatte eines Nachts Vater Knatterbull zitternd seine Frau geweckt, und sie gebeten, doch auch einmal zu hören, es schiene, als ob jemand auf der Treppe wäre.

Die Mutter war entsetzt aufgefahren, und beide hatten dann an der verschlossenen Tür in das Haus gelauscht.

Richtig. Tapp, tapp, tapp. Das waren Tritte, die die Treppe hinuntergingen.

Die Einbrecher waren im Hause.

Die Jungens wurden geweckt. Die Mutter ängstigte sich um die taube Tante, die oben auf dem Speicher allein mit der Anna gänzlich isoliert wäre.

»Keine Sentimentalitäten jetzt,« knurrte der Vater, der aufgeregt mit seinen Waffen hantierte und nicht zurecht kam.

»Hört auch einmal, Wilhelm und Friedrich, vielleicht haben wir uns doch getäuscht,« stöhnte er zaghaft. Er sah gar nicht mehr so mutig aus.

»Tapp, tapp, tapp,« klang es von der Treppe herauf. Ohne Zweifel, da war jemand.

»Pst, pst, ganz leise, kein Geräusch,« flüsterte der Vater, der so mit Waffen bepackt war, daß er sich nur mit Mühe fortbewegen konnte. Das Lasso hatte er über die Schulter geworfen, das Schwert unter den einen Arm, das Beil unter den anderen Arm geklemmt. Dazu in jeder Hand einen Revolver. Er war in wollenen Unterhosen. Der Vater legte keinen Wert auf eine markierte Taille. Die Unterhosen waren viel zu weit, auf das Einlaufen hin gekauft und hatten die beharrliche Tendenz, nach unten zu rutschen. Kühne Hupser gestattete dieses Kostüm nicht.

Die Mutter hielt in einer Hand die Lanze, in der anderen die Kerze. Aus der Nachtjackentasche schaute der Kolben des Revolvers ohne Hahn.

Der Vater gab Befehl, die Tür zu öffnen.

Die Mutter mußte vorgehen, um zu leuchten, dann kamen die großen Jungens und zuletzt der Vater mit dem Toni.

Deutlich hörte man jetzt die schluffenden Schritte unten im Hausgang.

»Leise, leise, pst, pst, wir müssen sie überraschen,« zischte der Vater. Dann rief er plötzlich leise: »Halt!« Einige unvorsichtige Schritte hatten bewirkt, daß ihm die Unterhosen auf die Füße gerutscht waren. Friedrich und Wilhelm mußten das Beil, Schwert und die Revolver halten, damit er sich seine Hosen wieder hochziehen konnte.

Jetzt ging unten im Hause eine Tür. Die Diebe waren in der Küche.

Man war am ersten Treppenabsatz angekommen, als sich der Vater mit den Beinen in das Lasso, das sich aufgerollt hatte, verwickelte, stolperte und Beil und Schwert fallen ließ, die mit ziemlichem Krach die Treppe hinunterpolterten. Die Mutter stieß einen gellenden Schrei aus, da ihr das Beil auf den Fuß gefallen war.

Der Vater schnauzte die Mutter wütend an, sie habe nicht ordentlich geleuchtet. Jetzt wäre alles verloren.

Merkwürdigerweise nahmen die Einbrecher keinerlei Notiz von dem Lärm: Schubladen wurden in der Küche aufgezogen, Schranktüren geschlagen, mit Porzellan geklappert.

Angstvoll, bebend horchte die wehrhafte Familie nach unten.

Der Vater war vom Mißgeschick verfolgt. Kaum hatte er sich mit Mühe und Not aus den Umstrickungen des Lassos befreit und war einige Stufen die Treppe hinabgestiegen, als ihn die hinterlistige Unterhose, die wieder völlig abgerutscht war und sich um seine Füße geschlungen hatte, zu Fall brachte. Er kam ins Stolpern und riß im Fallen Frau und Kinder mit sich in die Tiefe. Nur Toni war es gelungen, sich am Treppengeländer festzuhalten. Ein wilder Knäuel von Menschen und Waffen kugelte mit einem tollen Radau die Treppe hinunter in den Hausflur. Die Kerze erlosch. Ein Revolver entlud sich von selbst. Stöhnen, Ächzen.

In der Todesangst, gerade jetzt in dieser hilflosen Situation überrascht zu werden, verheddderte man sich im Dunkeln immer mehr.

Seltsam, daß sich die Einbrecher aber auch nicht im geringsten an das, was im Hause passierte, störten und ruhig in der Küche weiter hantierten. Das mußten ganz verwegene Gesellen sein.

Der Vater hatte sich so in die Unterhose und das Lasso hineingewühlt, daß er weder Arme noch Beine bewegen konnte und hilflos, auf die Mutter fluchend, daß sie die Kerze hätte ausgehen lassen, in der Hausflurecke lag. Die Mutter hatte suchend im Dunkeln nach der Kerze getastet und dabei dem Vater versehentlich in die Augen gefaßt. Der Vater stieß nur noch unartikulierte Wutschreie aus. Friedrich und Wilhelm wälzten sich auf dem Boden und balgten sich um das gleiche Gewehr.

Jetzt öffnete sich plötzlich die Tür der Küche, und ein schwacher Lichtschein fiel in den dunkeln Hausflur und beleuchtete matt die gestrandete Armada. In dem Rahmen der Küchentür zeigte sich jetzt eine weiße, vermummte Gestalt, in der Hand eine Kerze.

»Ssssst,« zischte Tonis Pfeil durch die Luft, und mit furchtbarem Aufschrei sank die Gestalt zusammen. Der hatte sein Teil weg, der Elende.

Wieder tiefe Dunkelheit, in die schauerlich das Stöhnen und Keuchen der ringenden Menschen und das Röcheln des Gefallenen hineinklang.

Dann endlich war es der Mutter gelungen, Licht zu machen. Auch der Vater war wieder auf die Beine gekommen. Man hatte sich vorsichtig dem Gefallenen genähert und zum größten Entsetzen konstatieren müssen, daß der vermeintliche Einbrecher die stocktaube Tante Briebelflutsch war. Den Pfeil hatte sie in der linken Niere stecken.

Sie hatte sich, als das Licht ihr ins Gesicht fiel, mit furchtbarer Anstrengung noch einmal aufgerichtet und matt gestöhnt: »Ich wollte nur mal irgend ... irgend wohin ... wohin ... hin.« Dann war sie in eine tiefe Ohnmacht gefallen.

An Toni ließ der Vater seinen ganzen Zorn aus. Der arme Bengel ist nie in seinem Leben so verhauen worden, wie in jener Nacht.

Die Tante hatte, Gott sei Dank, eine gute Konstitution und erholte sich wieder von ihrer Verletzung.

Der Vater versicherte sich am anderen Tage sofort gegen Einbruch, abonnierte bei der Schließ- und Wach-Gesellschaft, schaffte sich zwei auf den Mann dressierte Doggen an, gab einen großen Teil seiner Ersparnisse für Fußangeln, Selbstschüsse, Stacheldrahtgeflecht, Fenster- und Türsicherungen und Alarmglocken aus. Da doch, wie er mit einem wütenden Seitenblick auf die Seinen knurrte, mit so undisziplinierten Elementen im Ernstfalle nicht zu rechnen wäre. Er danke bestens dafür.

Die vorzügliche Kaffeemaschine

von Hermann Harry Schmitz

Jeden Mittag giftete sich der Vater über den Kaffee, den [er] ihm die Mutter nach dem Essen [zu trinken pflegte] brachte. [Es sei] [»Dieses labberige Gesöffs, das mir hier [fortgesetzt] vorgesetzt wird hat mit Kaffee nicht das Geringste] zu tun

[Bald] [Jetzt bin ich es aber leid, mir mit diesem labberigen Gesöffs, welches [ihr] mir hier als Kaffee [gen] vorgesetzt wird den Leib aufzuschwemmen]

Dieses labberige Gesöffs sei kein Kaffee, es sei wohl braun und auch heiß, aber trotzdem kein Kaffee. Er danke auf die Dauer dafür. Die Mutter verteidigte sich und sagte, sie hätte drei Lot hineingegeben und [noch mal] gründlich ziehen lassen. Das war jeden Mittag dieselbe Geschichte. Tante Lena [Rosekoten] Blätterteige [*am Rand:* Rösele [Fagotterl]], die immer [am Fenster] auf einem erhöhten Sitz [mit einer unendlich] am Fenster saß und graue Strümpfe zweimal rechts und zweimal links, strickte, und gütig guckte, mischte sich [nun] regelmäßig in den Disput der Eltern [und brummte, durch einen Wollstrumpf schl] man wollte ja nicht auf sie hören und mal ihr Rezept versuchen: den gemahlenen Kaffee in einen alten Wollstrumpf tun und [diesen im [heiß] Wasser aufkochen] durch diesen [heiß] kochendes Wasser gießen. Das gäbe ein vorzügliches Kaffee. [»]Den könne sie selbst trinken, schnauzte der Vater die Tante an, er wäre jetzt aber diese Sache endgültig leid. Die Mutter weinte und sagte sie könne ihm keinen anderen Kaffee vorsetzen. Sie hätte getan, was in ihrer Macht stände. 2.50 Mark kostete das Pfund und drei Lot auf eine Tasse. Diese leidige Kaffeegeschichte drohte das Eheglück der Eltern aufs Ernstlichste zu gefährden. Der Vater hatte eines Tages die gefüllte Tasse [mit] gegen die Wand geworfen und [hatte] geschworen, [nie wieder] seinen Kaffee von jetzt ab im Kaffeehaus zu trinken. Da hatte die Mutter eine Annonce in der Zeitung gesehen, in der eine vorzügliche Kaffeemaschine, [die einen ausgezeichneten Kaffee] angepriesen wurde.

Zur vergnüglichen Erinnerung folgt hier die vollständige Fassung von »Die vorzügliche Kaffeemaschine« nach dem Erstdruck.

Die vorzügliche Kaffeemaschine

Jeden Mittag giftete sich der Vater über den Kaffee, den ihm die Mutter nach dem Essen brachte.

Dieses labberige Gesöff sei kein Kaffee, es sei wohl braun und auch heiß, aber trotzdem kein Kaffee. Er danke auf die Dauer dafür.

Die Mutter verteidigte sich und sagte, sie habe drei Lot hineingegeben und gründlich ziehen lassen. Außerdem sei zu starker Kaffee nicht gut.

Das war jeden Mittag dieselbe Geschichte.

Tante Rösele Blätterteig, die immer im Wohnzimmer auf einem erhöhten Sitz am Fenster saß und beharrlich graue Socken zweimal rechts und zweimal links strickte, mischte sich regelmäßig in den Disput der Eltern. Man wolle ja nicht auf sie hören und einmal ihr Rezept versuchen: Den gemahlenen Kaffee in einen alten Wollstrumpf tun und durch diesen dann das kochende Wasser gießen. Das gäbe einen vorzüglichen Kaffee.

Den könne sie von ihm aus eimerweise trinken, schnauzte der Vater die Tante an, er danke dafür. Er sei die Sache aber jetzt endgültig leid. Wenn es noch nicht einmal möglich sei, zu Hause eine anständige Tasse Kaffee zu bekommen, pfeife er auf die ganze Haushaltung.

Die Mutter weinte und sagte, sie könne ihm keinen anderen Kaffee vorsetzen. Sie habe getan, was sie tun könnte. Den besten Kaffee genommen, der in der Stadt zu haben wäre, zwei Mark achtzig das Pfund. Dreiviertel Lot habe sie auf eine Tasse genommen. Er liebe sie nicht mehr, er solle es ihr doch gleich ins Gesicht sagen. (Das behaupten Frauen immer, wenn man ihnen berechtigte Vorhaltungen macht, und sie keine stichhaltigen Gründe für ihre Verteidigung vorbringen können.)

Diese leidige Kaffeegeschichte drohte das Eheglück der Eltern auf das Ernstlichste zu gefährden.

Der Vater war sehr cholerischer Natur. Eines Tages hatte er im Zorn die gefüllte Tasse, dazu noch die feine Tasse mit der Aufschrift »Dem Hausherrn« gegen die Wand geworfen und geschworen, von nun ab seinen Kaffee im Kaffeehause zu trinken.

Die Mutter wollte zuerst ins Wasser gehen.

Übermorgen war der Geburtstag des Vaters. Das war der rechte Tag zur Ausführung dieses Entschlusses. Dann würde man sie tot aus dem Wasser ziehen und die Leiche dem Vater ins Haus bringen, und er würde jetzt einsehen, was er verloren und wie unrecht er ihr stets getan habe. Zu spät, zu spät, würde er aufstöhnen und sich über sie werfen.

Die Tränen liefen ihr über die Backen, als sie sich das alles so vorstellte.

Es sollte anders kommen.

Die Mutter hatte einmal ein Bild gesehen: »Die Lebensmüde«, eine Frau, ganz in schwarz gekleidet mit einem Spitzentuch um den Kopf, die im Begriff stand, von einer Brücke in den Fluß zu springen.

Ganz in schwarz, ja, so wollte sie auch sterben, mit einem Spitzentuch um den Kopf. So hatte sie auch im Theater die Rebekka West gesehen. Das gab dem Tod etwas Tragisches.

Nun fiel ihr aber auf einmal ein, daß sie kein Spitzentuch hatte. Das war doch zu dumm. Es war eigentlich eine Schande, daß sie kein Spitzentuch besaß. Alle ihre Freundinnen hatten welche. Nichts hatte sie, wie den altmodischen Wollschal, wenn sie zum Theater oder Konzert ging. Sie ärgerte sich so darüber, daß sie ganz und gar von ihrer Selbstmordidee abkam.

Dann sprangen ihre Gedanken über zu dem Wollschal, und es fiel ihr ein, daß dieser auch mal wieder gewaschen werden müsse. Ende der Woche würde ohnehin gewaschen, dann könne das gleich mit geschehen. Nur müsse man der Waschfrau recht auf die Finger sehen, daß sie ihn nicht zu heiß wüsche, und er einliefe oder verfilze. Gott ja, man hatte so seine liebe Last mit fremden Leuten! Auch die Schlafzimmergardinen hätten es nötig, gewaschen zu werden, fiel ihr noch weiter ein.

So reihte sich eine häusliche Sorge an die andere und entfernte sie immer mehr von ihrem düsteren Vorsatz.

Dann gedachte sie der sechzig Pfund Preißelbeeren, die sie seit einigen Tagen schon im Hause hatte, die unbedingt jetzt eingekocht werden mußten.

Gott ja, Fruchtzucker und praktische Einmachgläser waren noch zu besorgen. Da wollte sie sich aber mal sofort auf die Beine machen.

Schleunigst hatte sie sich zum Ausgehen angekleidet und war, an nichts anderes wie ihre Preißelbeeren denkend, in die Stadt gestürzt.

Die Einmachgläser hatte sie gekauft. Sie war gerade im Begriff, den Laden zu verlassen, als ihr Blick auf ein großes Plakat fiel, das an einem Gegenstand aus Nickel angebracht war. »Die beste Kaffeemaschine der Welt! In fünf Minuten ein vorzügliches Täßchen Kaffee!« las sie und wie ein schwarzes Gespenst tauchte ihre häusliche Tragödie in ihrer ganzen Furchtbarkeit urplötzlich vor ihr auf. Aber gleichzeitig durchzuckte sie auch ein Strahl freudiger Hoffnung angesichts des vielversprechenden Plakats da vor ihr.

»Wir garantieren für diese Kaffeemaschine«, hatte der Ladeninhaber ihr gesagt, »es ist das beste, was zur Zeit auf dem Markte ist. In fünf Minuten haben Sie ein vorzügliches Täßchen Kaffee, gnädige Frau, ohne irgend welche Mühe. Schauen Sie her, hier dieser Behälter wird mit Spiritus gefüllt, hier hinein kommt der gemahlene Kaffee. Dieser Zylinder ist mit Wasser zu füllen, dann wird hier angezündet, und in wenigen Minuten durchzieht der würzige Duft des Kaffees Ihre Stube. Frau Geheimrat Schnaube hat vergangene Woche zwei dieser Maschinen gekauft, sie ist ganz entzückt davon. Achtundzwanzig Mark ist ja kein Preis für diese Maschine. Reinnickel, wird nie gelb.«

Der Mutter erschien diese Kaffeemaschine als Rettungsanker in ihrer häuslichen Misere. Sie würde sie ihrem Gatten zum Geburtstag schenken und ihn mit einer vor seinen Augen hergestellten vorzüglichen Tasse Kaffee versöhnen.

Sie kaufte also diese Wunderkaffeemaschine um achtundzwanzig Mark.

»Beobachten Sie genau die Gebrauchsanweisung,« hatte man ihr im Laden nochmals eingeschärft, »vor allen Dingen geben Sie immer Obacht, daß dieser Hahn hier zu, jenes Ventil aber stets offen ist. Auch der Ablauf hier muß immer offen gehalten werden.«

Es war doch ein Glück, daß sie diese Maschine gefunden hatte. Ihre Absicht, ins Wasser zu gehen, fiel ihr wieder ein. Es wäre doch eigentlich schade um sie gewesen, außerdem, wer hätte dann die Preißelbeeren eingemacht und sich um die Wäsche gekümmert. Schon aus diesen Gründen durfte sie sich als gute Hausfrau in dieser Woche nicht töten. Nun würde ja noch alles gut werden.

Der Geburtstag des Vaters. Die Mutter hatte mit besonderer Sorgfalt den Geburtstagstisch aufgebaut. In der Mitte stand die Kaffeemaschine mit dem Plakat, das sie sich im Laden mit ausgebeten hatte, auf der einen Seite ein Rodonkuchen, auf der anderen ein Mandelkranz, wie ihn der Vater so gern mochte. Dann zwei Geraniumtöpfe, eine lange Gesundheitspfeife, ein Paar Plüschpantoffeln, die die Tante mit einem Fuchskopf, dessen Augen aus roten Perlen gemacht waren, bestickt hatte. Weiterhin zwei Pulswärmer, auch eine Arbeit der Tante. Rudi hatte einen Starenkasten gebrandmalt, der als Staubtuchbehälter im Hause Verwendung finden konnte. Adele hatte etwas gekunstgepunzt: eine Hausmütze, die zwar nicht sehr bequem war, indessen sehr kleidsam sein sollte. Außerdem war sie nicht ganz fertig damit geworden, die hatte es dem Vater morgens bei der Gratulation weinend gestanden. Der jüngste Bub Erich hatte einen Lampenschirm geklebt: Venedig mit seinen Palästen, deren Fenster ausgeschnitten und mit rotem Seidenpapier beklebt waren.

Der Vater konnte angesichts dieser herrlichen Sachen, Zeichen der Liebe der Seinen, obgleich er wohl den einen oder anderen Gegenstand lieber nicht gehabt hätte, nicht gut anders, wie sich freudig überrascht und gerührt stellen.

Sonniger Friede. Mildes Plätschern trauter Familienharmonie.

Jedes Kind bekam einen Kuß, der nach Zigarre schmeckte. Die Mutter bekam auch der Kinder wegen einen Kuß. Das machte sie mutig.

»Jetzt soll Männe« (nur so und nicht anders müßte mich meine Frau, wenn ich eine hätte, nennen), »aber auch immer sein gutes Täßchen Kaffee bekommen und nicht mehr unzufrieden sein«, hatte sie gesagt und ihren Arm um den Nacken ihres Mannes geschlungen und war so mit ihm durch das Zimmer gegangen. Dem Vater war das ziemlich lästig, er sagte aber nichts um des guten Friedens willen.

Das Mittagessen war vorbei.

Jetzt kam der große Moment, wo die neue, vorzügliche Kaffeemaschine in Funktion treten sollte.

Die ganze Familie stand um den Tisch herum, nur der Vater saß im Lehnstuhl, dicht vor der Kaffeemaschine.

Er hatte sich die neue Pfeife anzünden müssen, obgleich er viel lieber eine Zigarre geraucht hätte. Die Pulswärmer und die neuen Pantoffeln hatte man ihm angezogen. Adele hatte ihm die neue Hausmütze aufgesetzt, die ihn wie ein Helm kniff. Er ertrug alles wie ein Lamm. Er wollte keinen Mißklang in dieses Familienidyll hineinbringen. Er mußte stark an sich halten, denn er war nun einmal sehr cholerischer Natur.

Die Mutter hantierte aufgeregt an der Kaffeemaschine herum. Wie war es doch nur? Hier den Spiritus einfüllen, dort kam der Kaffee hinein und dort das Wasser. Oder war es anders? Wo hatte sie nur die Gebrauchsanweisung?

Die Tante schüttelte den Kopf und nörgelte, weil die Mutter sie nicht mitgenommen hatte, als sie die Maschine kaufte. »Wird schon was Rechtes sein. Dieses neumodische Werk. Ich habe kein Vertrauen zu so was. Hast dir mal wieder etwas anhängen lassen. Es geht nichts über den Wollstrumpf«, brummte sie vor sich hin.

Die Mutter guckte sie wütend an und sagte unwirsch, sie solle doch erst einmal abwarten.

Der Vater sog an der Gesundheitspfeife und sagte nichts.

Ja und dann mit den Ventilen und Hähnen, wie war das nur? Was hatte der Mann im Laden gesagt? Die arme Mutter wurde immer verwirrter, stieß die Spiritusflasche um, die sich zur Hälfte auf den Tisch und über die Hose des Vaters ergoß.

Der Vater sog an der Gesundheitspfeife und sagte nichts. Er bekam nur dicke Adern auf der Stirn. Dann nahm die Mutter sich ein Herz. So mußte es richtig sein. Sie goß den Rest des Spiritus in den oberen, das Wasser in den unteren Behälter und gab den gemahlenen Kaffee hinein. Hier mußte angezündet werden, das hatte sie behalten. Das Streichholz machte »Zisch« und erlosch. Sie verbrauchte eine ganze Schachtel Streichhölzer; es gelang ihr nicht, die Maschine anzuzünden.

Plötzlich hatte der ganze Tisch in Flammen gestanden. Sie hatte ein glimmendes Streichholz auf den Spiritusfleck auf der Tischdecke fallen lassen.

Der Vater war erschreckt aufgesprungen und hatte sich dabei die Pfeife in den Hals gestoßen. Er war blau vor Wut geworden, hatte aber noch immer nichts gesagt.

»Diese modernen Sachen, ich hab' es ja immer gesagt«, hatte die Tante gemurmelt.

Der Mutter war es gelungen, die Flammen zu ersticken.

Mit zitternden Händen machte sie sich wieder an der Maschine zu schaffen.

Oder mußte hier angezündet werden?

Der Vater hatte sich wieder im Lehnstuhl aufgebaut. Seine Geduld war beängstigend.

Ja, hier an diesem Hahn mußte gedreht und dann angezündet werden.

»Wwubb, wwubb«, schlug eine blaue Flamme aus der Maschine heraus.

Alles flüchtete vom Tisch weg.

Die Mutter war in die Küche nach einem Eimer Wasser gestürzt und hatte kurz entschlossen die ganze Maschine unter Wasser gesetzt.

Die gemütliche Stimmung war so ziemlich zum Teufel.

»Ich habe den Spiritus, glaube ich, in den falschen Behälter getan«, preßte die Mutter bebend hervor; »ich habe das verwechselt. So jetzt weiß ich es wieder. Das werden wir gleich haben, in fünf Minuten dampft der Kaffee auf dem Tisch.« Sie versuchte forciert ihre Sicherheit zu bewahren. Sie nahm die ganze Maschine und ging damit in die Küche.

Der Vater hatte noch immer nichts gesagt. Die Augen waren nur blutig unterlaufen. Auch hatte er dem kleinen Erich einen Tritt gegeben, daß er mit dem Lampenschirm auf das Klavier geflogen war. Die kunstgepunzte Mütze hatte er der Adele um den Kopf geschlagen.

Nach kurzer Zeit kam die Mutter mit der Maschine wieder ins Zimmer. Sie brachte reines Tischzeug mit, und bald sah der Tisch aus, als ob nichts geschehen sei.

Der Vater hatte sich wieder im Lehnstuhl niedergelassen. Die Kinder hatten sich hinter die Schränke verkrochen. In der Maschine summte und brodelte es ganz behaglich. Kaffeeduft erfüllte das Zimmer.

Die Mutter hatte triumphierend um sich geblickt.

Der Vater war heute ein Wunder der Selbstbeherrschung. Er war nicht wiederzuerkennen. Es kämpfte zwar noch immer sichtlich in ihm. Er bemühte sich indessen, sogar Interesse für die Kaffeemaschine zu zeigen und beschaute sie aus dichtester Nähe.

Pfitsch, zischschschschsch ...! Ein starker Strahl glühendheißen Kaffees war plötzlich aus der Maschine hervorgespritzt, dem Vater mitten ins Gesicht.

Im Nu war der Kopf des Vaters eine große Brandblase, die mit dem Vater trotz seines Zappelns mit Armen und Beinen wie ein Luftballon an die Decke stieg.

Die Mutter war auf einen Stuhl geklettert, um den Vater an den Beinen herunterzuziehen; sie hatte den Stuhl umgeworfen und schwebte jetzt, die Hände um die Beine des Vaters gekrampft, gleichfalls in freier Luft. Laut heulend waren die Kinder herbeigestürzt und hatten sich an die Beine ihres geliebten Mütterleins geklammert, als plötzlich die Kaffeemaschine mit furchtbarem Knall zerplatzte und durch die Gewalt der Explosion die Wand des Zimmers nach außen gedrückt wurde. Durch die entstandene Öffnung wurde die ganze aneinander hängende Familie ins Freie geschleudert.

Heiß trafen die Sonnenstrahlen die Luftballon-Brandblase und gaben ihr einen rapiden Auftrieb. Mit außergewöhnlicher Schnelligkeit stieg die ganze Familie in die Luft und war bald den Blicken entschwunden.

Nie wieder hat man etwas von der Familie gesehen oder gehört.

Das Haus brannte vollständig nieder.

Im Schutt fand man außer der verbeulten Kaffeemaschine einige verbogene Haarnadeln und Korsettstangen und ein Gebiß: Das waren die Überreste der Tante.

Vom Hosenrock

von Hermann Harry Schmitz

[La] Poire heißt die Birne, Poiret ist ein Schneiderkünstler in Paris.
[Jupe] Jupe culotte heißt der [Frau] Hosenrock

          ma

          [quar]

Gliedermann

          ken

Der Beruf des [Moden] Mannequins ist ein heroischer, das ist er unbedingt. Wer eine Vorführung von Toiletten mit mannequins gesehen hat wird unbedingt dieser Ansicht sein.

Wer ist das der Jüpp kulotttt
Ich [wer] kann mir nicht helfen, ich kann mir nicht helfen!! Ich fange an die Frauen zu hassen[. Ich] diese entzückenden Geschöpfe um derentwillen, es sich überhaupt nur lohnt zu leben, um derentwillen, wir streben, arbeiten, Geld erwerben!! I moag se nimmer. Aber bitte schön warum auf einmal?

Zillike Bultensposch
Minna Plautzkrum

Zu:

Der Aesthet

Eine immerhin recht merkwürdige Geschichte

1. Textstück

Ich hatte mir einen Aestheten eigentlich ein wenig anders vor-gestellt.
[Aber, Gott ja, bei] Einem gewöhnlichen Menschen mit dem Aussehen [wäre das ekelhaft]
hätte man ein Ekel [genannt] [hier war] und sich
[Was bei]
Aber Gott ja, was bei einem gewöhnlichen Menschen als ekel-haft [galt] bezeichnet wurde, war bei einem Menschen mit einem Namen eben seine persönliche Note.

Dabei sollte er [selbst], wie [ich] [das Gerücht] [ging,] [kein] ich irgendwo gehört hatte, [selbst] [keineswegs de]
[ein Ekel sein]
[in einem krassen Mißverhältnis zu seiner Theorie]
[selbst] [sehr] hat keineswegs d]
sehr häßlich sein, entstellt durch einen Blutschwamm. [Er galt als ein S] [Positives wußte man nicht über ihn. Er [galt als Sonde] war stets auf Reisen und] Er galt als Sonderling, der stets auf Reisen lebte.
    Jetzt wandte er den Kopf. Er war es der berühmte Mauzfies. Ein [kotelettgroßer] leuchtender handgroßer Blutschwamm bedeckte die rechte Hälfte seines aufgedunsenen Gesichtes, [das] an dem [ein] die etwa drei Wochen alten Bartstoppeln nichts Edles zu verdecken hatten.

2. Textstück

Waschfrauen, die außer dem Hause arbeiten, mitzubringen pfle-gen. Kein Mensch weiß, was darin ist.
    Ich interpellirte den Steward.
    Es wird dem anderen Herrn gehören, meinte dieser.

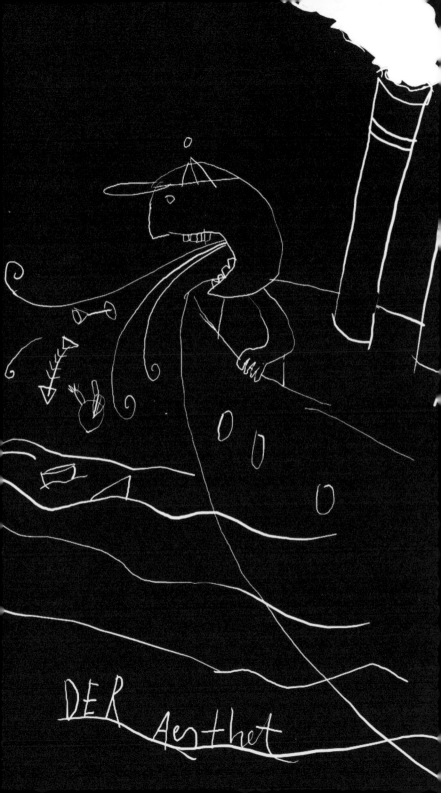

DER Aesthet

Richtig, die Kabine war zweibettig.

Wer der Herr sei?

Der Steward brachte mir die Schiffsliste.

Professor Kaspar Moritz Mauzfies fand ich angegeben.

Kaspar Moritz Mauzfies, der Name war mir nicht unbekannt.

So hieß ja jener bekannte Gelehrte und Aesthet, der mit seinem unlängst erschienenen glutvollen Werk über modernen Hedonismus und eine künstlerisch aesthetische Lebensführung außergewöhnliches Aufsehen erregt hatte. Von einer gigantischen Sehnsucht nach Schönheit, einer hypersensitiven Abneigung vor allem Trivialen des Alltags sprechen die Ausführungen dieses Schönheits-Apostels. Sollte mein Kabinengenosse mit diesem berühmten Mann identisch sein.

Das malpropere Packet, das eigentlich wenig den Schönheitsmaximen Mauzfies' entsprach, ließ mich zweifeln.

Er wäre wohl an Deck, antwortete mir der Steward auf mein Befragen. Er sei schon lange vor Abfahrt an Bord gekommen, hätte sich die Kabine ausgesucht und sein Packet, weiteres Gepäck hätte er nicht bei sich, auf dem Tisch deponiert.

Wie er aussähe?

»Un drôle de type! Er trägt eine Mütze mit einem gelben Celluloidschirm.«

Ich war neugierig auf den Besitzer des eigenartigen Packets mit dem berühmten Namen und stieg nach oben.

Wir waren mittlerweile in die offene See hinaus gekommen und die Bocognano begann, bei dem ziemlich starken Wellengang erheblich zu stampfen.

Auf Deck waren nur noch einige wenige Tapferen, die dem Wetter Trotz boten.

Abseits an der Reling lehnte ein Mann mit der vom Steward bezeichneten Mütze. Nein, das konnte unmöglich der Aesthet Mauzfies sein.

Der Mann sah schlimm aus.

Er war von untersetzter Gestalt und trug eine schwarze Kammgarnhose, die wie alle Kammgarnhosen, sehr glänzend war und ins grünliche spielte und der es vorne an Kniff mangelte. Harmonikasocken, die traulich über den ausgetretenen Zugstiefeln hingen. Eine unmotiviert weit ausgeschnittene in der Farbe unbestimmbare Weste, deren Ausschnitt eine sogenannte Deckkravatte hilflos zu bedecken versuchte; sie ließ neidlos ein braunes, recht braunes Jägerhemd auch noch zu seinem Recht kommen. Ein zu kurzer mit Litze umfaßter Gehrock, die Aufschläge mit Schmutzresten garniert vervollständigte die Garderobe.

Irgend etwas ursprünglich weiß Gewesenes um den Hals faßte sich als Kragen auf.

Das Gesicht hatte wenig Edeles es war aufgedunsen und mit 3 Wochen alten Bartstoppeln besetzt. Ein roter Blutschwamm zog sich über die linke Wange.

Wie dem auch war, der Mann schlief mit mir zusammen in einer Kabine. Vielleicht war es noch immer besser, ihn vorher zu beschnüffeln und im Notfall, wenn sein Benehmen sich mit seinem Äußeren deckte, das Feld zu räumen und irgendwo auf einem Sofa im Salon die Nacht zu verbringen.

Immerhin war der Mensch Professor.

Ich beschloß also ganz zwanglos und unverbindlich eine Unterhaltung mit ihm anzuknüpfen; zu diesem Zweck stellt sich der korrekte Deutsche vor Allem vor.

Der Mann mit der Mütze starrte vor sich hin.

Ich hatte bereits die Hacken aneinandergeschlagen und gestatten Sie gesagt, als sich Mauzfies plötzlich über die Reling beugte und interessiert in die hochgehenden Wogen des Azurmeeres starrte.

Die Wiedergeburt seines Diners nahm ihn momentan ganz in Anspruch. Für eine Annäherung ein ungeeigneter Augenblick.

Ich zog mich diskret zurück

Das opulenteste Diner nimmt auch einmal ein Ende.

Jetzt konnte ich mich bei ihm anbringen. Die Bocognano tanzte doch verflucht

Ich stolperte und schwankte über das Deck auf den merkwürdigen Professor zu.

Eine heimtückische Welle warf urplötzlich das Schiff zur Seite. Ich verlor die Balanze und schoß mit gellendem Schrei quer über Deck gegen den Menschen mit dem berühmten Namen, an den ich mich in meiner Todesangst anklammerte. Er verlor den Halt und wir wälzten uns hülflos in trauter Umschlingung auf dem Deck herum. Kugelnd versuchte ich mich vorzustellen und eine Entschuldigung zu stammeln. Es gelang nicht so recht. Eine mitleidige Welle, die das Schiff von vorne packte, warf uns in den Kajüttenvorbau. Wir saßen uns gegenüber und stierten uns gegenseitig blöde und verblüfft an.

Brief

von Hermann Harry Schmitz an Victor M. Mai

Den 26. Dezember 1907. Vormittags 10 Uhr

Mein lieber Herr Mai!

Das trifft sich nun riesig ungeschickt! – Ich musste unbedingt einem befreundeten Invaliden, dem Anno 64 so ein tückisch dänisch Blei das linkste Bein weggerissen, eine kleine Christfreude machen. Ich schenkte dem munteren Springinsfeld leider im Taumel einer altruistischen Stimmung Ihren Stock, in der bestimmten Voraussicht natürlich, ganz in Ihrem Sinne zu handeln. Sie werden dieser Schenkung schlecht Ihre Sanktion vorenthalten können: ich bin dem Manne sehr verpflichtet und muss mich endlich einmal in irgend einer Weise revanchiren, das konnte so nicht weiter gehen, ich kann mich doch nicht Ihretwegen mit alten Bekannten verfeinden »was eben nötig ist, ist eben nötig«, letzterer denkwürdige Ausspruch des greisen Denkers Spinoza wird Ihre gehässigen Repliken im Keime ersticken. Das walte Gott. –

Vormittags 11 Uhr

Soeben bringt mir die älteste Tochter des Invaliden, ein 50jähriges, triefäugiges, an beiden Beinen gelähmtes Pusselchen, im Auftrage ihres Vaters, dem, was ich noch zu erwähnen vergass, Anno 66 bei Kustozza die Oestreicher übel mitspielten, so dass ihm der Feldscher beide Arme amputiren musste, den Stock, meine Weihnachtsgabe, zurück und verlangt energisch unter einer Flut gemeiner Redensarten den Gegenwert des Stockes in Baar ausgezahlt: ihrem Vater sei vergangene Woche das rechte Bein von der electrischen Bahn abgefahren worden, er könne jetzt des Stockes entraten. »Hier ist ihr saudummer Stock, geben Sie mir baares Oel, baaaaaares Oeoeoeoeoeoeoeoeoel will ich haben, Sie blödes Stinktier«, scherzte schalkhaft das neckische Herzblättchen. – Ich konnte dem naiven Geschöpfchen nichts abschlagen, ich zog meine Geldkatze und liess flugs einen Goldfuchs springen. Weiss Gott, es hat mich nicht gereut. Ich hoffe ganz in Ihrem Sinne gehandelt zu haben und habe mir erlaubt Ihr wertes Conto mit den verauslagten M. 20.– zu belasten. – – – –

Ich möchte Ihnen nun, verehrter Meister, gern eine kleine Weihnachtsfreude machen. – Darf ich mir gestatten, Ihnen den vorbehandelten Stock ergebenst zu dedizieren?? O, bitte, sagen Sie »ja«!! Mit einem »nein« würden Sie mich empfindlich kränken! –

Bleiben Sie treu und brav und lassen Sie mich wissen wann und wo man Sie sehen kann, um gemeinsam ein Liedlein zu singen, oder aber lenken Sie Ihre Schritte gen Schumannstrasse 13 just wie Ihnen beliebt – ich bin fast jeden Abend zu Hause – ein telefonischer Deu vorher, wäre nicht von Uebel, meine Telefonnummer weiss ich nicht auswendig (J.P. Piedboeuf & Cie.)

Das walte Gott
stets Ihr ergebener

H H Schmitz

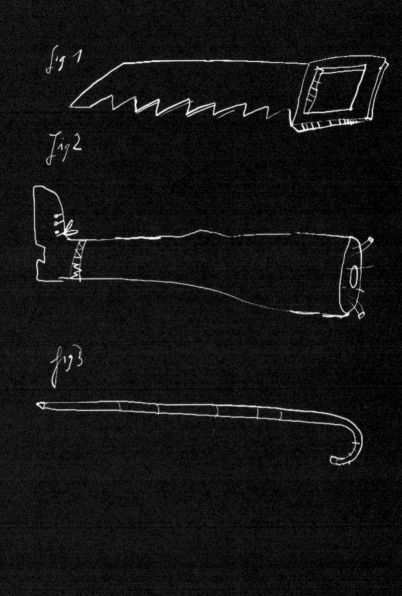

fig 1

fig 2

fig 3

Anhang

Vorbemerkung

Zitate aus gedruckten Texten von HHS folgen der Ausgabe:
Sämtliche Werke in drei Bänden. Hrsg. von Bruno Kehrein und
Michael Matzigkeit. 1. Bd.: Die Bluse und andere Grotesken; 2.
Bd.: Reisen und andere Katastrophen; 3. Bd.: Der Ästhet und
andere Tragikomödien. Zürich 1988 (zitiert als: Sämtliche
Werke, Band, Seite).

Überlieferung und Entstehung

Die hier abgedruckten Manuskripte gehören zu einem Konvolut
von Handschriften aus dem Besitz von Victor M. Mai (1872-
1951), das vom Heinrich-Heine-Institut der Landeshauptstadt
Düsseldorf im Autographenhandel angekauft wurde. Das Konvolut enthält neben den Blättern von Hermann Harry Schmitz
weitere Schriftstücke von Düsseldorfer Schriftstellern wie Victor
Meyer-Eckardt, Hanns Heinz Ewers, Rolf Bongs, Kurt Kamlah,
Hans Müller-Schlösser, Theodor Etzel. Der zeitliche Rahmen
reicht von 1907 bis 1947. Die Handschriften werden im Rheinischen Literaturarchiv im Heine-Institut aufbewahrt.

Dem Heine-Institut sei für die Abdruckerlaubnis an dieser
Stelle herzlich gedankt.

Das Konvolut, soweit es für diese Edition herangezogen
wurde, setzt sich zusammen aus:

1.
Handschrift zu: Toni Bender, der Defraudant...

3 Blatt, 28,4 x 22,5, Bl. 1-3 Vorderseiten Maschinenschrift mit
hs. Korrekturen und Zeichnungen; 3. Blatt Rückseite mit hs.
Notizen.

Entstehung: September / Oktober 1909; am 23. Oktober 1909 wurde die Moritat im Düsseldorfer Schauspielhaus zum ersten Mal vorgetragen.

2.
Handschriften zu den übrigen Texten

Diese Handschriften unterteilen sich in zwei Gruppen:

2.1.
Kladde in blauem Pappumschlag, geheftet, mit Titelaufkleber, dessen ursprüngliche Beschriftung ausradiert wurde. Papier karriert, Format 32,5 x 20,5. Diese Kladde hatte zur Führung einer Übersicht gedient. 7 Blätter, die beschriftet waren, wurden herausgetrennt. An den stehengebliebenen Rändern sind Ziffern und eine Kolumne mit dem Zeichen für »Pfennige« zu erkennen. In der Kladde sind jetzt noch 11 Blätter (22 Seiten) enthalten. Davon sind S. 1-12 in der ursprünglichen Richtung von vorne nach hinten, S. 13-22 aber von hinten nach vorn beschriftet. Die Handschrift der Kladde stammt ausschließlich von Hermann Harry Schmitz.

Entstehung: September / Oktober 1909. Die Notizen zur Buchrezension von Otto Boyers Roman »Fuegos Fatuos«, die am 28.11.1909 im »Düsseldorfer General-Anzeiger« erschien, geben den Anhaltspunkt für die Datierung.

Inhalt:
S. 1: Der Wasserkrahnen
S. 2: <Zu: Der Aesthet...; 1. Bruchstück>
S. 3-6: <Zu: Der Aesthet...; 2. Bruchstück>; S. 3 oben rechts eigenhändig nummeriert: 2.
S. 7: vakat
S. 8: vakat mit verschmiertem Tintenklecks
S. 9: <Notizen zu:> Vom Hosenrock
S. 10-11: vakat
S. 12: <die für die Wüste...>
Nach S. 12 ist eine Seite herausgerissen
S. 22-17: Der fliegende Mensch (alle Versionen und Ansätze)
S. 16: <In der Nähe des Residenzstädtchens ...>

S. 15: Quergeschriebene Zeile: So würde er sich Luft machen von den Eindrücken eines Ferienaufenthaltes.
S. 14: Toni Bender. Der fliegende Mensch
S. 13: Notizen zur Rezension von Otto Boyers Roman »Fuegos Fatuos«.

2.2.
10 lose Blätter, die aus einer Kladde wie der unter 2.1. beschriebenen, allerdings nicht aus dieser, stammen (kariert, Format 32,5 x 20,5).
Entstehung: Herbst 1909; die Notizen zur Moritat geben den Anhaltspunkt für die Datierung.

Inhalt:
S. 1-6: Caub
S. 7: a) 4 Zeilen Caub; b) Notizen zur Moritat
S. 8: vakat
S. 9-11: Kleophas Tütebell
S. 12: vakat
S. 13-15: Kleophas Tütebell
S. 16: vakat
S. 17: Der Einbruch
S. 18: vakat
S. 19-20: Die vorzügliche Kaffeemaschine

3.
Brief

Doppelblatt (21 x 16,5), die Außenseiten masch. beschrieben mit eigenhändiger Unterschrift und einigen hs. Korrekturen. Zu diesem Komplex gehört innerhalb des Mai-Konvoluts weiter

a) ein eigenhändiger Brief von Erich Nikutowski an Hermann Harry Schmitz vom 18. Mai 1911:
Augustastr. 9
Lieber H.H.!
Könntest du nichts bei Kümmel's oder Tante Meyer für mich thun? Garstiges Kind! Läßt sich von dort aus schriftlich was machen?
Du erräthst aus meiner Aufdringlichkeit meine Lage: nie war's so schlimm!

Trost!

Dein alter

Nikotin

(Zürne nicht – nein thu es nicht ... wirklich nicht! –)

<Dazu eine Zeichnung mit einer Krähe auf einem Galgen, unten ein Mann mit einer Schnur in der Hand. Unterschrift:> Hm, hm – wenn ich nur wüßt, wie ich da rauf komm ... die arme Kräh – muß wol verhungern – muß wol.

b) ein Doppelblatt (3 Seiten beschrieben) mit einem an Hermann Harry Schmitz gerichteten Text von Erich Nikutowski: »Die Atrappe! Drama«, eigenhändig mit mehreren Zeichnungen:

Herr Nikutowski: – – Hm hm Tag ... mein Fräulein ich möchte gerne einen guten Freund, der krank ist, überraschen und zwar mit einer Atrappe.

Fräulein Praliné: Soll die Atrappe scherzhaften Bezug nehmen auf das Leiden Ihres Herrn Freundes – ich darf doch annehmen, daß es sich um einen »Herren« handelt?

Herr N: Gewiß!

Fräulein: Was für ein Leiden ist es?

Herr N: Hm – tja – jawohl – er hat – nun ja – das kann ja mal passiren – wissen Sie – wo man nicht essen darf nämlich ... ja.

Fräulein: Ach so. Oh da habe ich eine Zwiebel!?

Herr N: Welche Seeligkeit ...

Herr Geheimrath Sch: Na nu! Um Himmelswillen, eine Zwiebel?! Wie dürfen Sie bei Ihrer Darmsache eine – – – von wem??

H.H.S.: Von Herrn Nikutowski

Dr. Sch: Natürlich – – –

H.H.S.: Aber Herr Geheimrath – es ist ja nur eine Atrappe.

Dr. Sch: So so! Das ist was anders also nur eine ganz harmlose Schose. Lieber Kerl der Nikutowski – werde mich bei ihm malen lassen.

Dr. S.: Seltsam. Vor 10 Minuten noch fidel – und jetzt 'ne Leiche ...

Schwester: Ja Herr Dr. Sie sollen doch gesagt haben – die Zwiebel wäre harmlos

Zur Textgestaltung

Der Herausgeber hat soweit möglich bei bislang ungedruckten Texten jeweils einen lesbaren Text hergestellt. Die Eingriffe in diesen Lesetext werden im Anhang in den Lesarten protokolliert. Umfänglichere Entwürfe werden im Zusammenhang als diplomatische Umschriften präsentiert. Bei insgesamt fragmentarischen Texten bleibt der Fragmentcharakter auch im Lesetext erhalten.

Bei bereits gedruckten Texten wird, soweit sinnvoll, der handschriftlich überlieferte Text in diplomatischer Umschrift dem Drucktext gegenübergestellt. Der Druck folgt dem jeweiligen Erstdruck.

Die Texte werden buchstabengetreu wiedergegeben; Eigenheiten der Schreibmaschine oder der Schmitzschen Orthographie werden nicht normalisiert.

Gestrichene Wörter und Passagen werden in eckige Klammern gesetzt.

Im Textteil und in den Lesarten wird von Schmitz eigenhändig geschriebener Text in Gradschrift wiedergegeben; Fremdtext erscheint dort kursiv.

Erläuterungen

Die Erläuterungen zu den Einzeltexten stellen diese in den Zusammenhang und bieten die notwendigen Sachanmerkungen. Weiterführende Informationen findet man im Anhang der »Sämtlichen Werke«.

Toni Bender, der Defraudant

Überlieferung und Entstehung: s. o. S. 63f.

Das Manuskript besteht aus drei Blättern. Der Text ist mit Maschine geschrieben und handschriftlich korrigiert sowie am Ende um zwei handschriftliche Strophen erweitert. Am Rand befinden sich Illustrationen des Autors. Eine spätere Hand hat Streichungen kompletter Strophen vorgenommen.

Auf der Rückseite des dritten Blattes befinden sich folgende Notizen von Schmitz:

      Hermann Harryschmitz
      Harrysk
      Harryle
      Harryl
      Balthasar Hitzegrad

      Von fremder Hand:
      Prof. Jenssen, Kiel / Erinnerungen an Nietzsche
      Rochusstr 33   Mai

Strophen IV, VI, VII, IX, XIII-XVI, XXI von späterer Hand mit Bleistift insgesamt gestrichen.

Strophen XX und XXI dem sonst maschinenschriftlichen Text handschriftlich hinzugefügt.

Zwischen Strophe XX und XXI steht durchgestrichenes eigenhändiges: [[in] nach der bekannten Moritat Melodie]

Lesarten

Nur übrig war nur] Nur übrig war [noch] nur
nordwärts] norwärts *(Tippfehler)*
schaurig.] schaurig

Die Moritat wurde zum ersten Mal öffentlich vorgestellt auf der
»Theater-Akademie-Jahrmarktsaufführung« am 23. und 24. Oktober 1909 im Düsseldorfer Schauspielhaus. Schmitz selbst trug sie
im frisch eingeweihten Akademie-Saal unter dem Dach des Thea-
tergebäudes im Rahmen einer »Variété«-Veranstaltung vor, die
sich an die Aufführung von Goethes »Jahrmarktsfest zu Plun-
dersweilern« anschloß. Schmitz war zu diesem Zeitpunkt bereits
ein in der Stadt bekannter und sehr geschätzter Conferencier, der
auf Bällen und bei privaten Anlässen sein Talent zur Stegreifge-
schichte vielfach unter Beweis gestellt hatte. Auch der Vortrag der
Moritat stieß auf die Begeisterung des Publikums und der Presse.

Offenbar schrieb Schmitz den Text auf Wunsch der Inten-
dantin Louise Dumont. Das geht aus einem Brief aus St. Goar an
die Prinzipalin vom 4.9.1909 hervor, in dem er verschiedene
Ideen, die offenbar bereits im Vorfeld mit Frau Dumont erörtert
worden waren, diskutiert, u. a. eine »Giraffenidee«, die aber ver-
worfen wird, und schließlich die Idee mit der Nordpolexpediti-
on. Das Giraffen-Thema taucht in den Notizen zur Moritat wieder auf (s. dort und Erläuterungen):

»... ich werde mich morgen mal sofort hinsetzen und mein Heil
versuchen – die Giraffenidee ist ganz brauchbar – nur fürchte ich,
daß die beiden stiftenden Bürger sehr schlecht dabei abschneiden
– wenn es nicht gelingt durch Stiftungen an Findel, Waisen,
Krankenhäuser, Wöchnerinnenasyle – das Knopfloch zu füllen
oder gar Komm.Rat zu werden – so bleibt als letztes Mittel »die
Giraffe« – daß muß doch die linke Hand endlich merken –

Ich habe noch eine andere Idee: Biceps Eisblock will absolut
berühmt werden und beschließt, den Nordpol zu entdecken –
nach eingehendem Studium sämtlicher Litteratur über arktische
Forschung stellt er seine Ausrüstung zusammen. – an wissen-
schaftlichen Instrumenten werden als erforderlich angegeben:
u. a. Sextanten – er mißversteht das und nimmt sechs Tanten
mit – man kann dann ganz ulkig deren Erlebnisse – in einzelnen Etappen – schildern wie gesagt im Moment fiel mir das ein:
›In einer kleinen Stadt am Lech / kamen immer Tanten weg‹ –
ich werde mich morgen mit dieser Moritat befassen und Ihnen
baldigst weiteres zugehen lassen [...]« (Original: Dumont-Linde-
mann-Archiv, Theatermuseum der Landeshauptstadt Düsseldorf)

Defraudant] soviel wie Betrüger, von frz. »frauder«: betrügen.

Havelocken] Der Havelock ist ein ärmelloser Männermantel mit halblanger Pelerine.

Nansen] Fridtjof Nansen (1861-1930), norwegischer Polarforscher.

Peary und Cook] Der amerikanische Polarforscher Frederik A. Cook (1865-1940) behauptete, den Nordpol bereits 1908 noch vor seinem Landsmann Robert Edwin Peary (1856-1920), der 1909 am Pol war, erreicht zu haben, doch blieben seine Angaben umstritten. Der Wettstreit der beiden Forscher war damals ein großes Thema in der Öffentlichkeit. Schmitz hat die beiden Namen auch in seiner Erzählung *Im Riviera Splendid Palace* (Sämtliche Werke II, 147 ff.) erwähnt, die am 26.6.1909 im »General-Anzeiger« erschien.

Notizen zur Moritat

Überlieferung und Entstehung: s. o. S. 65

Während der erste, größere Teil der Notizen direkt im Anschluß an die Geschichte Caub überliefert ist, stehen die vier letzten Zeilen zusammen mit den Stichworten zu der Rezension des Romans von Otto Boyer »Fuegos Fatuos. Fragment aus dem Leben eines phantasierenden Müßiggängers. Düsseldorf 1909« auf einem Blatt.

Diese Stichworte seien hier kurz wiedergegeben, wobei / neue Zeile, // Absatz bedeutet: *Fuegos. Fatuos. / Seite 221|22 | 226| 260. / Philosophie des Augenblicks / Teresa Hetäre im Garten des Epikur // [in] [Alt]/ Teresa=christlichen / Mystik / Rosenkreuzer/ ..ußische // Seite 95 Alraune/246 Dämonischer / Mond / Freude am Licht / Maler / Sierra Nevada / Lavendelblüte.* Die meisten Stichworte sind im Text der Rezension (Sämtliche Werke III, 160-167) wiederzufinden. Interessant ist der Hinweis auf Alraune: Der berühmte Roman des in der Rezension erwähnten Hanns Heinz Ewers erschien erst 1911, doch war Ewers seit langem mit dem Thema befaßt. Die Rezension erschien am 28.11.1909, ist also im selben Zeitraum konzipiert (September / Oktober 1909) wie die Moritat.

Offensichtlich sind die Notizen Spuren vom ersten Auftauchen der Idee zur Moritat. Wenn man wörtlich nehmen darf, was Schmitz am 4.9.1909 an Louise Dumont schrieb, nämlich das ihm die Verse: *In einer kleinen Stadt am Lech/ kamen immer Tanten weg* gerade *im Moment* eingefallen seien, so haben wir ein ganz genaues Entstehungsdatum für diese Notizen. Im selben Brief heißt es, er werde sich morgen an die Ausarbeitung des Textes machen (s.o. Erläuterungen zur Moritat).

Wie die Aufzählung von Begriffen und Namen belegt, nehmen auch die verschiedenen nicht zu Ende geführten Variationen über »fliegende Menschen« in dem Konvolut hier ihren Ausgangspunkt. Unverständlich bleiben die Ansätze zu den Motiven *Maler* und *Malkasten*. Dagegen spielt ein *Orden* in der Geschichte von *Toni Bender* bzw. *Kleophas Tütebell* eine Rolle; zur *Giraffe* s. o. S. 69.

Der ursprünglich erwogene Vorname *Biceps* für den Helden findet sich variiert in der Geschichte *Im Sanatorium* (Sämtliche Werke II, 189ff.): Das Sanatorium selbst trägt den Namen *Bizepsheil.*

Von fliegenden Menschen ...

1. Versuch

Der fliegende Mensch

Überlieferung und Entstehung: s. o. S. 64

Lesarten zu der am weitesten ausgearbeiteten Version der Geschichte (Auswahl)

S. 14
blieb] *dahinter Einweisungszeichen in Bleistift; am Rand ebenfalls in Bleistift:* die Uhr 16.80
geöffnet] (1) [geöffnet] (2) an
Kaum hatte sich] (1) *Text* (2) Als s

gelegt] (1) [beruhigt] (2) gelegt

Bett leer] Bett [von Frau] leer

geöffnet] (1) [geöffnet] (2) an

Den Tätern *bis* zu sein.] *Am Rand in Bleistift nachträglich ohne Einweisungszeichen hinzugefügt; Zuordnung unsicher.*

Verschwundenen] *Lesung unsicher*

Man ahnte] *vor diesem Satz später eingefügtes:* [Man stand] vor einem Rätsel

S. 15

Gattin.] *hier folgt zunächst:* Eine Panik ergriff das Publikum, als eines Tages den Assessor Carl Anton Einmachstopf aus Dülken [im] in kurzen Zwischenräumen, während noch alles von dem Unglück das gleiche Schicksal wie Frau Bulcke ereilte. Es lag System in diesen Vorfällen.

Aus dem Bett seines Zimmers war er während der Nacht weggeschleppt worden. [Die Hotels wurden gezwungen Wachen vor] und stark bewaffnet] *Rest des Textes in Bleistift geschrieben.*

Tür] *hier folgt:* Die [Hotels wurden] Hoteliers [stellte] hatten zur Beruhigung H der Gäste d

vorgenommen,] vorgenommen [. Die Verfahren mußten aber]

aufgegeben –] *hier folgt:* der Verdacht erwies sich aber jedes Mal

Erläuterungen

Die Idee zu dieser Geschichte scheint in Zusammenhang zu stehen mit den Notizen zur Moritat, wo sich zuerst der Hinweis *fliegende Menschen* findet (s. S. 12). Worauf diese Anregung genau zurückgeht, läßt sich nicht sagen, zumal die Geschichte selbst keinerlei Anhaltspunkt bietet.

Mit der Szenerie Karlsbad betritt Schmitz andererseits einen seiner Lieblingsschauplätze, den Kurort und dessen Einrichtungen, der ihm häufig als Hintergrund und Metapher für eine erkrankte Welt diente.

An dem Fragment wird die herausragende Bedeutung der komischen Namen für die Schreibart von HHS besonders deutlich. Sie sind hier die Fixpunkte im Textkorpus, an denen er sich orientiert und um die herum sich der Text dann anlagert. Gleichzeitig kann die mühevolle Geschichte des 1. Satzes der Geschichte am besten verdeutlichen, was Victor M. Mai meinte, als er über HHS schrieb: »Wie es Neurastheniker gibt, die über keinen leeren Platz zu gehen sich getrauen, so litt er an der Angst vor dem unbschriebenen Blatt Papier, er vermochte sich am Schreibtisch nur äußerst schwer zu konzentrieren. Über den Anfängen seiner Geschichten schwitzte er in der Regel Blut, zwanzigmal, dreißigmal konnte er ansetzen, bis er die ersten Sätze so hatte, daß sie ihn befriedigten. Die Feder in der Hand rang er unendlich, mit dem Wort, mit dem Stil, mit dem Gedanken, mit der Form – nur ganz wenige seiner Grotesken gelangen auf Anhieb, wurden in wirklichem Übermut hingeschrieben.« (Victor M. Mai: Hermann Harry Schmitz. Düsseldorf o. J., S. 6 (= Pempelfort. Sammlung kleiner Düsseldorfer Kunstschriften H.8)).

2. Versuch

Toni Bender. Der fliegende Mensch / Kleophas Tütebell

Überlieferung und Entstehung: s. o. S. 64f.
Lesarten zum 1. Textstück

S. 21
Sie] (1) [Die Eltern] (2) Sie
Ich habe] *Ab hier bis zum Schluß ist der Text insgesamt gestrichen.*
Ich brauchte] [Ich brauchte; *eckige Klammer im Text, am Rand wiederholt.*

Lesarten zum 2. Textstück (Auswahl)

S. 22
(1) [nicht] den geringsten Ehrgeiz, [vor allem aber] (2) *Text*
(1) [Allen Einwendungen und Warnungen einsichtiger Bekannten zum Trotz (a) bestanden meine Eltern (b) bestand meine Mutter – mein Vater zählte nicht (c) bestanden meine Eltern darauf]
(2) *Text*
Bekannten] (1) [Eltern] (2) Bekannten

Natürlich mußte es Jus sein.] (1) [Ich bezog also] (2) Natürlich [Jus] mußte es Jus sein.

(1) Nach acht Monaten hatte ich den ersten Anfall von akuter Alkoholvergiftung, (a) [im vierten [hatte] Semester eine Serie von neun Alimentationsprozessen am Bein.] (b) [im vierten Semester [hatte ich] es [auf] neun Alimentationsprozesse] (2) *Text*

hatten mir (1) [die Beschäftigung mit Allem was mit Gericht zu tun hatte gründlich] (2) die ganze juristische Materie [zum] höchst unsympathisch gemacht. [Ich blieb daher den Hörsälen konsequent fern.]

S. 23

das sollte sein] (1) das [hatte ihm] (2) das sollte sein

(1) der es [mit angesehen hatte] (2) der dabei gewesen [war] ist

(1) [wie an einem solchen hätte der Orden an einer Rippe gehangen] (2) *Text*

(1) [Auf Frau Pöste] (2) [Auf] Andere Augenzeugen

(1) geschützt [und verdiente noch Unsummen dazu durch Anstricken von Strümpfen.]

(2) *Text*

(1) [Dann starb auch meine Mutter] (2) Durch den Tod meiner Mutter

Die Uhrkette] (1) [Außer einer] (2) [Eine] (3) Die Uhrkette

Schieber] *Lesung unsicher; darüber unleserlicher Wortansatz.*

(1) [Ich wurde Klavierspieler] (2) [Es gelang mir durch Empfehlungen Hauslehrer] (3) d

Eine Vorstufe zur 2. Version dieser Geschichte lautet in diplomatischer Umschrift:

Kleophas Tüttebell
der fliegende Mensch
von Hermann Harry Schmitz

Der größte Mann des Jahrhunderts ist Zeppelin und ich bin der drittgrößte. Ich habe das mündlich.

Gott, wenn meine Eltern [das] dieses noch erlebt hätten!

Ich bin in Dülken geboren, wo mein Vater Postsekretär war.

Er war ein [guter] vortrefflicher Beamter, also als Mensch eine Null. Er erstarb aus innerster Ueberzeugung, nicht etwa aus [[spekulativen] diplomatischen Gründen] Diplomatie.

Meine Mutter wollte hoch hinaus mit mir, zum mindesten träumte sie ihren [einzigen] Sohn dereinst als Landrat. Meinem Vater schwindelte bei dem Gedanken. [Wenn er [sich] ganz allein war [wußte], kokettierte er vielleicht mit der Idee.] Er mußte sich [dann] setzen.

Ich war von jeher ein Thunichtgut, [doch der] [war] [ein] [Kuckucksei] ganz aus der Art geschlagen [war]. Ich [hatte wed] war weder ehrgeizig, noch hatte ich Respekt vor irgend etwas. Das bekümmerte meine guten Eltern unendlich. Trotzdem ließen sie ihre[n] ehrgeizigen Pläne mit mir nicht fallen.

[Zu einer Zeit als [ich] andere]
In einem Alter, [als andere Leute schon] in welchem man sonst bereits Assessor zu sein pflegt, machte ich mein Abiturientenexamen.

[Dann bezog ich die Universität [und]. Ich studierte Jus]

Allen Einwendungen und Warnungen [ver] einsichtiger Bekannte zum Trotz bestand[en] meine Eltern [vor a] das heißt meine Mutter darauf, daß ich Jura studieren solle.

Ich bezog die Universität und hatte nach [4] 8 Monaten den ersten Anfall einer akuten Alkoholvergiftung. Zu dieser Zeit starb plötzlich mein Vater.

Ich bezog

Ich bezog die Universität und ließ mich bei der juristischen Fakultät immatrikulieren. Schon nach acht Monaten hatte ich den ersten Anfall von akuter Alkoholvergiftung.

Zu Hause lebte man nur noch von Kartoffeln. Die Alten hatten es ja so gewollt.

Plötzlich starb mein Vater. Er [war Kanzleirat geworden] hatte den roten Adlerorden 4ter Klasse bekommen. Das hatte ihn den Tod gekostet. [Als er] Als er [zum ersten Mal in seiner neuen Würde] zum ersten Mal mit jenem Orden geschmückt durch die Stadt ging hat er vor Stolz derartig die Brust heraus gedrückt, daß sich die Rippen gerade gebogen. [Der Anblick [war schrecklich] soll schrecklich gewesen sein. Der Oberkörper [hätte] wäre man nur so aus] Dadurch ist der Oberkörper auseinandergeklafft und inneren Organe sind man nur so rum g

Es soll schrecklich ausgesehen haben, wie [sich] der Oberkörper auseinanderklaffte und die inneren Organe mal nur so

rumflogen. Mein guter Vater hätte ausgesehen wie ein Garderobeständer [am Ende der obersten Rippe hätte] andere sagten wie
ein Christbaum [an [dessen] dem wie] an eine[m] Ast denn an
einer Rippe hätte wie Christbaumschmuck an einem Ast der rote
Adlerorden gehangen. »Für Kaiser und Reich« wären seine letzten Worte gewesen.

Meine Mutter war durch die Pension vor aller Not geschützt und
verdiente noch Unsummen dazu durch Anstricken von Strümpfen.

Ich brauchte mir nichts abgehen zu lassen.

[Das tat ich auch wirklich]

[Pumpen]

[Die Juristerei war mir schon im Prinzip von jeher sehr zuwider gewesen.[Am eigenen Leibe hatte ich] Fortgesetzte Scherereien mit den Gerichten wegen Ruhestörungen, Körper-
[mißhandl]verletzung und so hatten dazu beigetragen mir diese
Institution noch gründlicher zu verleiden. Die ganze Unzu-
länglichkeit und Ungerechtigkeit unserer Rechtsprechung wurde
mir klar, als man]

Ich war schon [fünf] sechs Semester auf der Universität und
[hatte noch] [war] noch [nicht dazu gekommen] eine Vorlesung
[zu] besuch[en] hatte noch keine Vorlesung besucht. Ich brachte es einfach nicht fertig[. Die Juristerei war [wir] [s] mir schon
im Prinz] mich mit einer Materie zu befassen, die mir schon im
Prinzip [so zuwiede] von jeher so zuwider [gewesen] war. Meine
Abneigung vor Allem, was mit Gericht zu tun hatte, war nicht
zu allerletzt in den häufigen Scherereien die ich durch nicht
bezahlte Schulden, [Ru] nicht bezah Protokollen wegen Ruhestörungen, Körperverletzungen und

In besonderer Druckschrift am linken Rand:
Frit
Hükenw

Erläuterungen

Die Pointe war ein wesentliches Bauprinzip der Texte von HHS,
ein Bauprinzip freilich, das der Entwicklung eines flüssigen
Erzählzusammenhangs nicht immer förderlich ist. Das zeigt der
Beginn dieser Bruchstücke, der den Eindruck vermittelt, daß

Schmitz hier einige hübsche Einfälle und Wortwitze unbedingt anbringen wollte. Diese Eigenart belegt die Herkunft seines Schreibens aus dem mündlichen Vortrag

Erstaunlich ist, daß Schmitz die doch teilweise recht witzigen Pointen nicht sämtlich in anderen Texten wiederverwendet hat. Immerhin läßt sich ein Motiv aus diesem Bruchstück auch an anderer Stelle in seinem Werk finden. In der Geschichte *Der überaus vornehme Friseur*, zuerst erschienen im »Düsseldorfer General-Anzeiger« vom 20.2. 1910, also offenbar in direkter zeitlicher Nachbarschaft zu unseren Fragmenten entstanden, hat Schmitz das Bild vom aufgeplatzten Brustkorb, in unserer Geschichte im Zusammenhang mit dem Tod des Vaters verwendet, wieder aufgegriffen:

Mein Brustkorb erweiterte sich. Die Rippen bogen sich gerade, so daß ich ausschaute wie ein Christbaum oder ein Garderobeständer. (Sämtliche Werke I, 113).

In der Geschichte *Die Promenade*, die bereits am 12.4.1908 erschienen war (Sämtliche Werke I, 56ff.), wird erzählt, wie Anatol Brustkorb, der mit einem Uniformierten auf der Hauptstraße spazieren geht, vor lauter Stolz platzt, ein Motiv das im 1. Textbruchstück in Bezug auf den Vater erneut auftaucht. Im 2. Bruchstück entfällt dieses Motiv dann.

Der Wasserkrahnen

Überlieferung und Entstehung: s. o. S. 64

Erläuterungen

Titel] Die Form Krahnen für »Krahn« war Schmitz offenbar geläufig, wie auch die Verwendung in seiner Geschichte *Onkel Willibald will baden* (Sämtliche Werke II, 202) zeigt.

Wilde] Oscar Wilde war eines der großen Vorbilder für HHS, dem er sowohl als Dandy wie auch als Autor nacheiferte.

Fragment:

die für die Wüste noch nicht reif sind

Überlieferung und Entstehung: s. o. S. 64

Erläuterungen

Die hier notierte Idee wurde in leicht veränderter Form verwendet in der Geschichte *Im Kater Hiddigeigei* (Sämtliche Werke II, 159ff.), die am 27.11.1910 im »Düsseldorfer General-Anzeiger« zum Abdruck kam. Dort heißt es:

Merkwürdige Menschen laufen hier herum. Capri scheint ein beliebtes Refugium für Eigenbrödler, Outsider der Gesellschaft und Kulturverdrossene zu sein, die für die Wüste noch nicht reif sind und hier im Eigenmenschentum herumdilettieren.

Da sitzt tagtäglich abseits, an einem kleinen Tisch, hinter den »Münchener Neuesten Nachrichten« der Mann mit der Heldenbrust und trinkt seinen Kaffee. Der Mann mit der Heldenbrust verachtet die Menschen und ihre Sitten. Er verachtet das Hemd, den Kragen, die Schuhe, die Strümpfe und alle welschen Windbeuteleien der heutigen Herrenmode.

In der Nähe des Residenzstädtchens ...

Überlieferung und Entstehung: s. o. S. 64

Erläuterungen

Komische Adelsnamen verwendet Schmitz z. B. auch in seiner Geschichte *Lillichens Verlobung* (Sämtliche Werke II, 23ff.).

Zu:

Aus einem rheinischen Städtchen
Turbine Muhlmann / Das Elslein von Caub

Überlieferung und Entstehung

Zur Handschrift: s. o. S. 65
Zur Druckfassung:
    Erstdruck: Düsseldorfer General-Anzeiger, 10.10. 1909
    Buchdruck: Buch der Katastrophen. Leipzig 1916, S. 21-30.
    Sämtliche Werke: Bd. II, 104-113.

Lesarten (Auswahl)

Der Text ist insgesamt stark korrigiert; alle Seiten wurden später mit einem anderen Schreibstoff von oben nach unten insgesamt gestrichen.

S. 31
(1) [Am] 27. September [hatte ganz Caub geflaggt.] (2) *Text*
heute Geburtstag.] (1) heute [ihren achzigsten] Geburtstag. [Von
    der Dame hatten wir nie etwas gehört. Jetzt hast du es, sagte
    Toni,] (2) *Text*
S. 32
Schienbein.] (1) Schienbein. [Wir entzweiten uns gründlich an
    diesem Tage und haben tagelang kein Wort zusammen ge-
    sprochen] (2) *Text*
Seite an.] (1) Seite an. [Ich ärgerte mich zu sehr. Man frug mich
    warum ich so wortkarg wäre.] (2) *Text*
S. 35
(1) Nach der achten Pulle wußte ich, daß Frau Muhlmann [seine
    Schwiegermutter sei, und heute ihren achzigsten Geburtstag
    feiere.]
(2) Nach der achten Pulle hatte ich Frau Muhlmann vergessen.

nennen. *bis* So giebt] (1) nennen. [In jedem Rheinnest giebt es
so entschiedene Pretendenten auf eine von irgend einem
Dichter verherrlichte] [Hier in Caub] (2) *Text*

So giebt es am Rhein überall Lokale, (1) die den Ehrgeiz haben
als Anregung (2) die den Ehrgeiz haben für sich das Verdienst in Anspruch zu nehmen (*vielleicht auch*: die für sich
das Verdienst in Anspruch nehmen)

Am Rand geschrieben, nicht genau zuzuordnen: Als Aushängeschild für Kneipen erinnert sich der Deutsche seiner Dichter.

Elslein] (1) Elschen (2)Elslein

geworden. –] (1) geworden. – Ich habe mir mein eigenes Elslein
von Caub gegründet. (2) *Text*

S. 36

(1) [Er übertreibt natürlich] wieder, dachte ich mir, (a) [und
überzeugte mich selbst] (b) [ich wollte mich selbst].

(2) Er übertreibt natürlich wieder wie gewohnt, dachte ich mir.
Ich tat ihm aber dieses Mal Unrecht,

beinah] *Lesung unsicher*

Erläuterungen

Der gesamte Text ist offensichtlich der 1. Entwurf zu den beiden
Geschichten, wie die Druckfassung sie kennt, und die dort unter dem
Obertitel »Aus einem rheinischen Städtchen« und den beiden Un-
tertiteln *Turbine Muhlmann* und *Das Elslein von Caub* erscheinen.

Die Struktur von *Turbine Muhlmann* ist im handschriftlichen
Entwurf bereits weitgehend erreicht. Der Eingang wird im Druck
etwas breiter ausgeführt, das Datum ist jetzt der 30. September und
als mögliche Gründe für die Beflaggung werden drei andere Namen
genannt. Im Mittelteil ist zunächst der Name von *Steuermann Wilpert* in *Jonas Rüderke* verändert. Die Beschreibung des Stammti-
sches fehlt in der handschriftlichen Fassung ganz; am Ende des 2.
Textstückes notiert Schmitz die Idee zur Ausgestaltung dieser Episode. Der Schluß ist in der Druckfassung um eine Episode und mit
dem Bürgermeister auch um eine Person erweitert.

Insgesamt läßt sich im Vergleich Handschrift – Druckfassung
eine Tendenz zur Verbreiterung der Geschichte durch Hinzufügen
von Details und Ausgestaltung von Situationen feststellen. Die
Grundideen und auch die komischen Situationen, die das Gerüst der
Geschichte bilden, sind in der Handschrift alle bereits vorhanden.

Die 2. Geschichte, im Druck mit *Das Elslein von Caub* über-
schrieben, ist in der Handschrift ebenfalls bis auf den Schlußab-
schnitt in allen Teilen präsent, wenngleich in einer noch unzu-
sammenhängenderen und von der späteren abweichenden Anord-
nung: Die Episoden des 2. Textstücks folgen hier auf die des 3.
Allerdings erweckt auch die Druckfassung noch den Eindruck des
etwas willkürlich zusammengesetzten, zumal die Eingangsepisode
mit *Tante Anisplätzchen* auch im Druck nicht weitergeführt wird.

Die frühe Fassung hat durchaus einen eigenen Witz und Charme, der sich von der ausgearbeiteten Endfassung unterscheidet.
Man darf sich gerade hier fragen, ob Schmitz ganz allein die redaktionelle Bearbeitung der Geschichte, ihre Fertigstellung zum
Druck betrieben hat. Angesichts seiner in unseren Manuskripten ja
manifest werdenden Schreibhemmungen ist durchaus denkbar,
was ja bereits mehrfach vermutet wurde, daß er für die Redaktion
Hilfe aus seinem Freundeskreis erhielt. Letztlich beweisen lassen
sich solche Spekulationen natürlich nicht.

Caub] Die Wahl von Kaub als Ort dieser Geschichte hängt sicher
    auch damit zusammen, daß Erich Nikutowski in diesem Ort
    seinen zweiten Wohnsitz neben Düsseldorf hatte und Schmitz
    ihn gelegentlich besucht hat; er wohnte dort im Gasthof »Zum
    Turm«. Man darf in dem Gespann der Geschichte, Ich-Erzähler
    und Toni Bender, einen Reflex des Paares Schmitz-Nikutows-
    ki sehen. Auch die Geschichten *In der Sommerfrische* und
    Herbstage am Rhein (Sämtliche Werke II, 81ff.) spiegeln diesen
    biographischen Hintergrund.
Sedan] Am 2.9.1870 fand hier die entscheidende Schlacht im
    deutsch-französischen Krieg statt; seitdem gab es im kaiser-
    lichen Deutschland Sedanfeiern.
Lessing] Lessings Todestag ist der 15. Februar; auch in der
    Druckfassung fallen die Todesdaten der dort genannten Per-
    sonen nicht auf das angegebenen Datum.
Blücher] Fürst Blücher, preußischer Generalfeldmarschall im Krieg
    gegen Napoleon, überschritt in der Neujahrsnacht 1813/1814
    bei Kaub den zugefrorenen Rhein, ein Ereignis, das einen Wen-
    depunkt im Kriegsgeschehen markierte. Am 18. Juni 1894, dem
    Tag der Schlacht bei Waterloo, wurde am Rheinufer in Kaub das
    monumentale, vier Meter hohe Blücher-Denkmal enthüllt, das
    der Berliner Bildhauer Friedrich Schaper entworfen hatte.

Das Elslein von Kaub] Eine Figur, die der Sage nach im erfolgreichen Widerstand der Kauber während einer 39tägigen Belagerung Kaubs im Bayrisch-Pfälzischen Erbfolgekrieg im Jahre 1504 eine Rolle gespielt hat. Schon zur Zeit von HHS wurde, wir heute immer noch, bei Weinfesten in Kaub ein »Elslein von Kaub« als Weinkönigin gewählt.

Der Einbruch

Überlieferung und Entstehung

Zur Handschrift: s. o. S. 65
Zur Druckfassung:

Erstdruck: Düsseldorfer General-Anzeiger vom 19.6.1910
Buchdruck: Der Säugling und andere Tragikomödien.
Leipzig 1911, S. 60-70.
Sämtliche Werke: Bd. I, 14-23.

Erläuterungen

Das handschriftliche Textfragment ist sehr weitgehend identisch mit der gedruckten Version; einzige markante Abweichung ist, daß die Familie im Druck den Namen *Knatterbull* trägt, in der Handschrift aber keinen Namen hat. Diese Namensgebung ist offensichtlich eine Bearbeitung, die erst nach Niederschrift unseres Textes, dann allerdings nicht sehr konsequent durchgeführt wurde: im hinteren Teil der gedruckten Geschichte verliert sich der Name zugunsten von Bezeichnungen wie *der Vater, die Mutter* etc.

Die sparsamen Korrekturen in der Handschrift deuten darauf hin, daß es sich um eine Zwischenreinschrift des Anfangs der Geschichte handelt, die Schmitz vielleicht hergestellt hat, weil die Entwurfshandschrift nicht mehr recht lesbar war; ähnliches findet sich ja auch bei den Geschichten um die »fliegenden Menschen«.

Britannialöffel] Löffel aus Britanniametall, einer Zinnlegierung
   mit silberähnlichem Aussehen
Trompeter von Säckingen] Nippesfiguren des Helden aus Victor
   von Scheffels weit verbreitetem Versepos tauchen bei
   Schmitz verschiedentlich auf als Ausdruck von Spießbürger-
   lichkeit (vgl. etwa *Der Umzug,* Sämtliche Werke I, 222).
Rapiere] Degen
malaischen Kris] Stichwaffe mit doppelschneidiger, gebogener
   Klinge

Die vorzügliche Kaffeemaschine

Überlieferung und Entstehung

Zur Handschrift: s. o. S. 65
Zur Druckfassung:

   Erstdruck: Düsseldorfer General-Anzeiger vom 8.5.1910
   Buchdruck: Der Säugling und andere Tragikomödien.
      Leipzig 1911, S. 33-42.
   Sämtliche Werke: Bd. I, 193-202.

Erläuterungen

Es handelt sich um eine Zwischenreinschrift mit Korrekturen,
wobei diese allerdings um einiges heftiger ausfallen als in der
Handschrift von *Der Einbruch.* Auffällige Abweichungen zwischen handschriftlicher und gedruckter Version sind nicht zu
erkennen. Der Vorname der *Tante Blätterteig* lautet im Text noch
Lena, am Rand wird aber bereits das spätere *Rösele* notiert. Inter-
essant ist die Änderung vom umgangssprachlicheren *Gesöffs* in
der Handschrift zu *Gesöff* im Druck, was für einen redaktionel-
len Eingriff spricht. Ebenfalls an einen solchen Eingriff möchte
man bei dem in Klammern eingeschobenen Text im Druck glau-
ben und Schmitz einen solchen matten Scherz nicht zutrauen.

Notizen zu:

Vom Hosenrock

Überlieferung und Entstehung

Zur Handschrift: s. o. S. 64
Zur Druckfassung:

> Erstdruck: Düsseldorfer General-Anzeiger vom 19.3. 1911
> Sämtliche Werke: Bd. I, 133-138.

Erläuterungen

Es handelt sich offenbar um erste Notizen und Gedanken zu einer Geschichte, deren Titel Schmitz schon kennt und niederschreibt, die dann aber erst zwei Jahre später im Druck erscheint.

Poiret] Paul Poiret (1879-1944) war ein französischer Modeschöpfer und Erfinder des Hosenrocks für Frauen.

Zu:

Der Aesthet

Eine immerhin recht merkwürdige Geschichte

Überlieferung und Entstehung

Zur Handschrift: s. o. S. 64
Zur Druckfassung:

> Erstdruck: Düsseldorfer Nachrichten (in acht Teilen)
>   vom 6.2. bis 13.2. 1921
> Buchdruck: Unter dem Titel »Professor Mauzfies. Eine sozu-
>   sagen ästhetische Angelegenheit« in: Professor Mauzfies
>   und andere Tragödien. München 1941, S. 9-57.
> Sämtliche Werke: Bd. III, 48-91.

Lesarten zum 2. Textstück (Auswahl)

S. 57
So hieß *bis* Schönheits-Apostel]
(1) [Es gab einen bekannten Gelehrten dieses Namens.]
(2) *Insgesamt gestrichen:* [So hieß ja jener [bekannte Gelehrte]
    berühmte Aesthet, dessen Werke über modernen Hedonismus
    und eine künstlerisch aesthetische Lebensführung [epochales]
    außergewöhnliches Aufsehen erregt hatten. Eine gigantische
    Sehnsucht nach Schönheit, eine hypersensitive Abneigung
    vor allem Trivialen des Alltags, [allem seinen aesthetischen
    Maximen nicht Entsprechendem gegenüber] sprachen aus
    den Ausführungen dieses glühenden Schönheitsapostels.]
(3) So hieß ja jener bekannte Gelehrte und Aesthet, der mit sei-
    nem unlängst erschienenen glutvollen Werk über modernen
    Hedonismus und eine künstlerisch aesthetische Lebensfüh-
    rung [ein] außergewöhnliches Aufsehen erregt
(a) hatte, [und dessen Tesen begeistert [von] allenthalben von]
(b) hatte. Eine gigantische Sehnsucht nach Schönheit, eine
    hypersensitive Abneigung [gegen] vor allem Trivialen des

Alltags [kündeten] [sprachen aus] den [Tesen] [Buch] [Schrift] [M] dieses glühenden Schönheits-Apostels.

(c) hatte. Von einer gigantischen Sehnsucht nach Schönheit, einer hypersensitiven Abneigung vor allem Trivialen des Alltags sprechen die Ausführungen dieses [glühenden] [Schönheits-] Schönheits-Apostels.

(4) *Text*

malpropre] (1) [eigenartige] (2) malpropre

(1) [merkwür] (2) das das wenig [diesen Schönheitsmaximen entsprach] (3) *Text*

(1) [ließ] (2) [machte] (3) ließ (a) [mich zweifeln] (b) [einen gelinden Zweifel in mir aufsteigen.] (c) mich zweifeln.

Ich war] (1) Ich [muß'te mir doch] (2) Ich war

lehnte] (1) [stand] (2) lehnte

Der Mann sah schlimm aus.]

(1) [Der Mann sah aus wie ein sehr verkommener Oberl]

(2) Der Mann sah schlimm aus. [Da hatte ich [eine feine Aquisition als Kabinengenosse gemacht] weiß Gott einen angenehmen Reisegefährten [bekommen] erwischt.]

(3) Der Mann sah schlimm aus. [Das Gesicht konnte]

(4) *Text*

traulich] (1) [im zu weit] (2) traulich

sie *bis* kommen] (1) [an beiden Seiten mi] (2) sie [gönnte einem] braunen, recht braunen Jägerhemd [noch einen Ausblick] (3) *Text*

S. 58

Aufschläge] (1) [Revers] (2) Aufschläge

Schmutzresten] *Lesung unsicher*

vervollständigte die Garderobe] (1) [paßte sich unaufdringlich den übrigen Kleidungsstücken an.] (2) *Text*

Irgend *bis* auf] (1) [Der einzig helle Fleck an der] (2) [Der einzig helle Fleck war ein schon weit vorgeschrittener Papierkragen.] (3) Das einzig Helle an [diesem dieser] (4) Irgend etwas [Helles] ursprünglich weiß gewesenes [drückte den] Kragen aus. (5) Text

Das Gesicht *bis* besetzt] (1) Das Gesicht war (a) aufgedunsen, mit 3 Wochen *Einweisungszeichen ohne zuzuordnenden Text* (b) auch nicht anziehend (2) *Text*

Immerhin *bis* vor allem vor] (1) [Das Recht] (2) [Ich beschloß also mich an ihn] (3) [Auf Jeden Fall war er Professor.] Ich

Manuskriptseite aus:
Der Aesthet. Eine immerhin recht merkwürdige Geschichte

beschloß also [sein] [so von ohngefähr seine Bekanntschaft zu machen.] (4) *Text*

Ich hatte *bis* gesagt] (1) [Ich beh] (2) [Ich hatte [mich an] gerade einen Anlauf gemacht] (3) [Ich hatte mich ihm genähert und bereits] (4) [Ich wollte gerade auf ihn zugehen] (5) [Ich hatte mich ihm genähert und] (6) *Text*

ihn] in *Schreibversehen*

Ich zog mich bis Jetzt konnte] (1) Ich zog mich diskret zurück [und [wartete] baute mich in einiger Entfernung auf.] Das opulenteste Diner nimmt auch einmal ein Ende. Nach einer Weile begab sich Mauzfies an seinen alten Platz.] Jetzt konnte (2) Text

gegen den Menschen] (1) gegen [Kaspar] (2) gegen den Menschen

Erläuterungen

Zu Textstück 1: Es handelt sich um Skizzen, die das Aussehen des Ästheten betreffen. Das drastische Motiv von einem *[kotelettgroßen] leuchtenden handgroßen Blutschwamm* im Gesicht des Ästheten ist im 2. Bruchstück noch da und wird erst im gedruckten Text durch das wesentlich schwächere Motiv einer *tollen Kartoffelnase* (Sämtliche Werke III, 53) ersetzt. Hier kann man auch einen Eingriff des Redakteurs vermuten. Immerhin sind einige Motive und Formulierungen dieser Notizen bis in die gedruckte Version erhalten geblieben.

Zu Textstück 2: Diese Entwurfshandschrift umfaßt Teile des 1. und 2. Kapitels der gedruckten Fassung. Wie der Beginn mitten im Satz anzeigt, ist hier Text verloren gegangen.

Der Geschichte liegt die biographische Erfahrung einer tatsächlichen Schiffsreise von Marseille nach Korsika zugrunde, wo Schmitz von November 1897 bis Mai 1898 sein Lungenleiden zu kurieren versuchte. Victor M. Mai erinnert sich im Begleittext zum Erstdruck in den »Düsseldorfer Nachrichten«, daß Schmitz die Geschichte zuerst im akademischen Verein »Laetitia«, einem Zusammenschluß vor allem von Studenten der Kunstakademie, vorgetragen habe, und zwar »1908/09«. Aufgrund unserer Handschrift können wir die Enstehung jetzt auf 1909 datieren (s. den Kommentar in: Sämtliche Werke III, 212).

Der Text gehört sicher zu den eindrucksvollsten, die Schmitz über Fragen der Kunst und Ästhetik verfaßt hat. Als konkretes Ziel seiner Attacke hat der Kommentar der »Sämtlichen Werke« den französischen Schriftsteller und Kulturphilosophen Comte de Gobineau (1816-82) identifiziert, der mit seiner Rassetheorie u. a. wichtige Anregungen für Nietzsche und Wagner gab und dessen bekanntes Werk über die »Renaissance« von Schmitz besprochen wurde. *Als Arier schrieben sie Ihre ästhetischen Maximen*, heißt es an einer Stelle in der Geschichte (Sämtliche Werke III, 81), was auf Gobineau bezogen werden könnte. Dennoch erscheint eine solche eindimensionale Auflösung der Figur wenig überzeugend. Aber auch der von Schmitz Schwager Heinrich Quast stammende, biografisch motivierte Vorschlag zur Auflösung der Mauzfies-Figur ist nur teilweise einleuchtend. Quast schrieb am 24.2.1942 an Victor M. Mai anläßlich der Übersendung eines Exemplars des gerade erschienenen »Professor Mauzfies«-Buches, er habe in das Buch eine »alte Photographie eingeklebt, welche Landger. dir. Maurer, München, u. den 17jähr. Hermann H. in Korsika darstellt; der erstere, das Urbild oder vielmehr die Anregung zum Pr. M., ursprünglich der Ästhet, ist übrigens e. symphatischer, biederer, vollbärtiger alleinstehender alter Herr im Gehrock; das in Zeitungspapier eingeschlag. u. vergessene Paket ist aber echt«. Das Foto hat sich in der Sammlung Quast erhalten, die heute als Depositum der Hermann-Harry-Schmitz-Societät im Heine-Institut aufbewahrt wird. Der Name »Maurer« mag einen Anklang für Mauzfies geliefert haben, auch mag der Landgerichtsdirektor, über den nichts bekannt ist, einzelne Züge für die Figur geliefert haben. Aber völlig auflösen läßt sie sich auch nicht durch diesen Bezug.

Professor Mauzfies ist vielmehr ein weiterer jener falschen Propheten, Windmacher und Phrasendrescher, die Schmitz auch sonst besonders gern aufs Korn nahm. In der auf Capri angesiedelten Geschichte *Hiddigeigei*, die im Umkreis unseres Manuskripts entstanden sein muß, läßt er eine ganze Reihe solcher Figuren Revue passieren: die misanthropische *Heldenbrust*, den reformbewegten *Waldschrat*, die Russen, die *immer und überall in der Pose des Raskolnikow-Typen* herumlaufen oder den polnischen Dichter, *der immer auf den Klippen herumsitzt und stundenlang aufs Meer starrt - aber immer nur dort, wo Leute vorbeigehen.* (Sämtliche Werke II, 162f.) Sie alle sind geistige Verwandte von Mauzfies, für den Schmitz keine konkrete Vorlage nötig hatte.

Un drole de type] (frz.] Ein komischer Kerl

Er war von untersetzter Gestalt bis Garderobe.] Der Aufzug von Mauzfies erinnert an die Beschreibung des Doktor Hadubrand Turnreck aus Iserlohn in der Erzählung *O Rom, o Rom!* (Sämtliche Werke II, 171).

Zugstiefel] Stiefel mit Schäften aus weichem Leder, die sich glatt an den Unterschenkel anlegten.

Jägerhemd] Nach dem Zoologen Gustav Jäger benannte Unterwäsche aus Schafswolle, die in der »alternativen Szene« zu Beginn des 20. Jahrhunderts beliebt war.

Nachwort

Hermann Harry Schmitz lebte vom 12. Juli 1880 bis zum 8. August 1913. Ein kurzes, rätselhaftes Leben und ein rätselhafter Autor, dem es weder gelang, sich in der Welt des Banalen einzurichten, noch entschieden daraus auszubrechen. Als Mensch wie als Schriftsteller hat er die enormen Spannungen dieser Existenz umzusetzen versucht in selbstinszenatorische und literarische Energien, bevor er dann, zusätzlich gequält von einer nicht abreißenden Kette von Krankheiten, seinem Leben durch die Kugel ein Ende setzte.

Kaum etwas weiß man über den Menschen Schmitz; einige, nicht viele biographische Details sind überliefert, ein paar Briefe existieren, Fotos, ganz wenige Handschriften zu Texten sind bekannt. Zuletzt tauchten persönliche Erinnerungsstücke aus dem Nachlaß seiner Schwester auf. Aber ein exaktes Bild, vor allem ein Bild von dem Menschen hinter der Maske des Dandys läßt sich daraus nicht konstruieren. Und die literarische Seite liegt bislang mindestens so im Dunkeln wie die biographische. Nur wenige Werkstattproben erlauben den Blick in das Atelier des Künstlers: Wie hat Schmitz gearbeitet, welche erzähltechnischen Baupläne legte er seinen Geschichten zugrunde? Wie ist – bei diesem die Zeitgenossen mitreißenden Vortragskünstler besonders wichtig – das Verhältnis von mündlichem und schriftlichem Erzählen? Zwar kennt man Vorbilder, Oscar Wilde, Edgar Allen Poe, die französischen Symbolisten: aber in welchem Verhältnis steht sein Schreiben wirklich zu diesen Autoren, wo hat er sich bedient, wo selbständig weitergemacht? Schließlich: Immer wieder gibt es Gerüchte über redaktionelle Eingriffe in die Texte von Schmitz. Seine Düsseldorfer Freunde, der Schriftsteller Hanns Heinz Ewers und der Journalist Victor M. Mai, werden der Bearbeitung verdächtigt. Für die postumen Editionen lassen sich solche Retuschen leicht nachweisen. Aber was ist mit den frühen, noch zu Lebzeiten herausgekommenen Texten? Hat der Feuilletonredakteur Mai schon bei den Abdrucken im »Düsseldorfer General-Anzeiger« Korrekturen vorgenommen?

Die Entdeckung des Konvoluts aus dem Nachlaß Victor M. Mais im Archiv des Heinrich-Heine-Instituts, dem die hier erstmals veröffentlichten Schmitz-Handschriften entstammen, könnte und sollte ein Anlaß sein, solche Fragen endlich mit allem gebotenen Ernst zu stellen. Es ist in mancher Hinsicht skandalös, daß die Literaturwissenschaft sich dieses Autors noch gar nicht angenommen hat. Bis auf einige biographische Vorarbeiten durch Michael Matzigkeit und die von diesem zusammen mit Bruno Kehrein herausgegebene, seit langem vergriffene Ausgabe der »Sämtlichen Werke« im Haffmanns-Verlag liegen keine seriösen Arbeiten vor.

Unsere Ausgabe möchte einer vertieften Beschäftigung mit HHS ein wenig den Weg bahnen, sie möchte Blicke hinter die vergnügliche Oberfläche der Texte ermöglichen, Blicke auf Schlachtfelder der Sprache und der Schrift, wo sich seine Kämpfe mit dem Wort zumindest teilweise rekonstruieren lassen.

Selbstverständlich möchte dieses Buch gleichzeitig auch die hochkomischen und witzigen Aspekte der vorgestellten Texte und Textstücke ins rechte Bild setzen. Sie ergänzen, verdeutlichen und verstärken manchen der Züge, die wir immer schon an HHS besonders geschätzt haben.

Das gilt insbesondere für die hier erstmals publizierte Moritat von dem betrügerischen Toni Bender und seinen sechs Tanten. Der Text hatte nach seinem öffentlichen Vortrag im Oktober 1909 in der Düsseldorfer Öffentlichkeit und später dann auch in der Schmitz-Gemeinde durchaus bereits eine gewisse Berühmtheit erlangt. Um so bedauerlicher war sein Verschwinden und um so erfreulicher ist sein Auftauchen aus dem Dunkel der Geschichte. Man fühlt sich an Ror Wolf, erster und leider einziger Träger des »Hermann-Harry-Schmitz-Preises«, und »Hans Waldmanns Abenteuer« erinnert, der mit der gleichen Sicherheit auf jenem schmalen Grat zwischen Banalität und Absurdität balanciert wie hier HHS. Und so wie Wolf seinen Moritaten Collagen im Stile von Max Ernst beigibt, so verzierte HHS sein Manuskript mit Randzeichnungen, die Elemente des Comic enthalten und die wir in unserer Ausgabe reproduziert haben. Sie gaben auch den Anstoß dazu, Thomas Klefisch um seine zeichnerischen Lektüreeindrücke zu bitten.

Die mysteriösen Fragmente von den »Fliegenden Menschen« gewähren am ehesten einen Einblick in die Werkstatt des Autors

HHS. Ganz offenbar hatte er eine bestimmte Idee im Zusammenhang mit dem Fliegen, eine Idee die wir nicht mehr nachvollziehen können, und er hat sich ihr in zwei vergeblichen Anläufen genähert, die jeweils nach der Exposition stecken blieben. Der erste Anlauf spielt auf einem Terrain, das für Schmitz persönlich von quälender Bedeutung war und dessen metaphorische Qualität ihm nicht entging. Kurorte und deren Einrichtungen hat HHS im Laufe seines kurzen Lebens immer wieder aufsuchen und benutzen müssen, und sie wurden ihm in seiner Geschichte »Im Sanatorium« zum Abbild der Welt, ihrer Krankheit und der hoffnungslosen Versuche, sie mittels technischer Apparaturen wieder gesund zu machen. Welche Rolle der Kurort in unserer Geschichte über das internationale Flair hinaus spielen sollte: wir wissen es nicht. An diesem Bruchstück läßt sich aber zumindest eine Funktion der komischen Namen studieren, die bei Schmitz ja wesentliches Stilelement sind. In ihrer anspielungsreichen Absurdität deuten sie von Anfang an auf jene chaotisch-groteske Sphäre jenseits der Normalität hin, in denen die Geschichten in schöner Regelmäßigkeit enden. Das Aufbauprinzip bei HHS ist ja der Ausgang bei ganz banalen und alltäglichen Situationen und die langsame Steigerung bis hin zum völligen Zusammenbruch des Prinzips Normalität. In Namen wie »Blamabel Eierkist« oder »Carl Anton Einmachstopf« sind diese Zusammenbrüche des Normalen zumindest bereits angelegt.

Die beiden anderen Bruchstücke mit Hinweisen auf das geheimnisvolle Motiv des »fliegenden Menschen« im Titel zeigen zunächst, wie der Autor seine Exposition in zwei ganz entgegengesetzte Richtungen entwickelt. »Toni Bender«, die Schmitzsche Kunstfigur par excellence, eine Art Inbegriff des rheinisch-Düsseldorferischen Normal- und Durchschnittsbürgers, hat einen makellos erfolgreichen Lebenslauf; Tüttebell verkörpert dessen genaues Gegenteil. An diesen Bruchstücken läßt sich ein weiteres Merkmal der Schmitzschen Grotesken studieren, der Pointenstil. Vor allem zu Anfang hangelt sich die Geschichte an witzigen Fundstücken entlang, wobei die Wortwitze überwiegen: Der »drittgrößte Mann« sein; etwas mündlich haben; so hoch hinaus wollen, daß einen schwindelte und man sich setzen muß. Es ist verwunderlich und spricht für seine Kreativität und einen großen Ideenvorrat, wenn HHS solche kleinen Perlen später nicht wieder verwendet hat. Besonders ausgearbeitet ist die Episode vom Tod des Vaters. Titelsucht und Uniformverehrung waren Lieblingsziele des Schmitzschen Spotts, und er hatte bereits 1908 in seiner Kö-Geschichte »Die Promenade« geschildert, wie »Anatol Brustkorb« vor lauter Stolz platzte, weil er neben dem Herrn Leutnant gehen durfte. Das Bild vom aufgeplatzten Brustkorb, der aussieht wie ein Christbaum oder ein Garderobenständer findet sich dann wieder in der Geschichte »Der überaus vornehme Friseur« aus dem Jahr 1910.

Die gelegentliche Funktion unseres Manuskripts als Notizheft und Steinbruch für spätere Werke läßt sich noch an einigen anderen Stellen bemerken. Neben den Lektüreeindrücken und Assoziationen zur Rezension des Romans des befreundeten Otto Boyer: »Fuegos Fatuos. Fragment aus dem Leben eines phantasierenden Müßiggängers« (Düsseldorf 1909) und den Stichworten zur Moritat und damit zusammenhängenden Ideen, finden sich Gedankensplitter zur Geschichte vom »Hosenrock« oder zur Geschichte »Hiddigeigei«, jenem Lokal auf Capri, das Schmitz als Beobachtungsstation aller Arten menschlicher Eitelkeiten diente. Einigermaßen rätselhaft und im Werk auch nicht wieder aufgetaucht ist der Zusammenhang zwischen Zigarren und »Wasserkrahnen« aus dem gleichnamigen Fragment. Dagegen hat der Leser in dem Bruchstück »<In der Nähe des Residenzstädtchens>« wieder einen makellosen ersten Satz, und zwar in zwei voneinander abweichenden Fassungen vor sich, von denen freilich weder die eine noch die andere je benutzt wurde.

Die Funktion der vier größeren Bruchstücke zu bereits im Druck vorliegenden Geschichten ist nicht ganz genau zu bestimmen. Bei den beiden Anfängen zu »Der Einbruch« und »Die vorzügliche Kaffeemaschine« könnte es sich um Zwischenreinschriften handeln, die einerseits auf einen korrigierten Text zurückgreifen, andererseits aber selbst wieder korrigiert sind. Die Unterschiede zur späteren Druckfassung sind insgesamt marginal. Zwei Details sind allerdings auffällig: Im »Einbruch« hat die Handschrift noch nicht den Familiennamen »Knatterbull«. Offenbar ist dieser Name erst nachträglich in die Geschichte hineingetragen worden, allerdings nicht sehr konsequent, da er sich im Druck gegen Ende verliert. Hier könnte es sich ebenso um ein redaktionelles, möglicherweise nicht von Schmitz selbst stammendes Element handeln wie bei der Verschiebung von umgangssprachlichem »Gesöffs« in der Handschrift der »Kaffeemaschine« zu »Gesöff« im Druck.

Solche Beobachtungen lassen sich an die drei Textstücke zu den unter dem Obertitel »Aus einem rheinischen Städtchen« versammelten beiden Geschichten nicht anschließen. Immerhin weiß man jetzt, warum auch im Druck die zweite Geschichte »Das Elslein von Caub« so unzusammenhängend wirkt: Sie wurde aus den Textstücken 2 und 3 zusammengesetzt, ohne daß zwischen den beiden Texten ein logischer Zusammenhang bestünde. Ansonsten haben wir es hier wirklich mit einem ersten, schon relativ weit fortgeschrittenen Entwurf zu tun, der möglicherweise die mündlich erzählte Version erstmals verschriftlicht. In Textstück 2 hat Schmitz an einer Stelle, wenn er vom Stammtisch spricht, die Perspektive zur Ausarbeitung notiert, die dann in »Turbine Muhlmann« konkret ausgearbeitet wurde. Der Vergleich dieses ersten Entwurfs mit der Druckfassung zeigt ansonsten nur wenige Auffälligkeiten. Die handschriftliche Version ist knapper, verzichtet auf den Schlußschlenker von »Turbine Muhlmann«, hat so einen ganz eigenen Charme, zumal Schmitz hier einige später nicht wieder abgerufene Pointen einstreut, wie etwa die halsbrecherische Vermutung über Lessings Beziehung zu Kaub.

Aus der Handschrift zum ersten Entwurf stammt auch das umfangreichere Textstück zu »Der Ästhet«. Dieser erst postum von Victor M. Mai herausgebrachte Text, der sich jetzt im übrigen auch erstmals sicher datieren läßt, ist einer der interessantesten im Gesamtwerk von HHS, da er die Grenzen der Groteske sowohl formal wie inhaltlich durchbricht: formal durch die Ausweitung in Richtung auf eine größere erzählerische Form; inhaltlich durch die mit den Mitteln der Groteske geführte und dadurch teilweise äußerst drastische Auseinandersetzung mit ästhetischen Strömungen um die Jahrhundertwende. Wenn wir den Superästheten und Botticelli-Kenner Mauzfies nicht mit der Wiedergeburt der Venus, sondern mit der seines Mittagessens an der Reling eines Schiffes beschäftigt sehen, so drückt Schmitz damit auf sehr direkte Weise aus, wie er die neue Empfindsamkeit im Namen Hofmannsthals, Georges oder Rilkes findet: zum Kotzen nämlich. Dabei geht es ihm selbstverständlich nicht um diese oder ähnliche Autoren selbst, sondern lediglich um deren Epigonen und Nachbeter. Auch Mauzfies' äußere

Erscheinung, seine Unsauberkeit und die Häßlichkeit seines Gesichts, läßt das Mißverhältnis zwischen Anspruch und Wirklichkeit direkt ins Auge springen. Im handschriftlichen Entwurf sieht man, welche Mühe Schmitz sich gerade mit der Beschreibung des Gesichts gegeben hat, die dort gelegentlich noch krasser ausfällt als in der gedruckten Fassung, etwa wenn der »[kotelettgroße] leuchtende handgroße Blutschwamm«, den er noch in der Handschrift als Element von Mauzfies' Gesicht erwog, einer harmlosen »tollen Kartoffelnase« Platz macht. Die Beschreibung erinnert mit ihrer verächtlichen Lust und der beißenden Schärfe an Heine und seine Darstellung des »Turnkunstmeisters Maßmann«.

Das Schreiben von HHS an Victor M. Mai, das im Anschluß an die eigentlichen Textstücke abgedruckt wird, ist ein typischer Schmitz-Brief. Einen vergleichbaren hat bereits Mai selbst in einer kleinen Schmitz-Biographie publiziert, andere existieren in verschiedenen Archiven. Leider gibt es bis heute keine Sammelpublikation der bekannten Briefe, die sich sowohl angesichts der zu erwartenden biographischen Details wie auch angesichts des Amüsierwertes anbieten würde.

Bernd Kortländer